甘肃政法大学工商管理学科建设丛书

“互联网+”背景下 农产品流通模式及效率评价研究

"HULIANWANG+" BEIJINGXIA
NONGCHANPIN LIUTONG MOSHI JI XIAOLü PINGJIA YANJIU

董海林/著

中国财经出版传媒集团
经济科学出版社
Economic Science Press

图书在版编目（CIP）数据

"互联网+"背景下农产品流通模式及效率评价研究/董海林著.—北京：经济科学出版社，2020.12
（甘肃政法大学工商管理学科建设丛书）
ISBN 978-7-5141-8468-6

Ⅰ.①互… Ⅱ.①董… Ⅲ.①互联网络-应用-农产品流通-研究-中国 Ⅳ.①F724.72-39

中国版本图书馆CIP数据核字（2020）第267613号

责任编辑：杜 鹏 胡真子
责任校对：刘 昕
责任印制：王世伟

"互联网+"背景下农产品流通模式及效率评价研究
董海林 著
经济科学出版社出版、发行 新华书店经销
社址：北京市海淀区阜成路甲28号 邮编：100142
编辑部电话：010-88191441 发行部电话：010-88191522
网址：www.esp.com.cn
电子邮箱：esp_bj@163.com
天猫网店：经济科学出版社旗舰店
网址：http：//jjkxcbs.tmall.com
固安华明印业有限公司印装
710×1000 16开 9.25印张 180000字
2021年5月第1版 2021年5月第1次印刷
ISBN 978-7-5141-8468-6 定价：49.00元

前　言

“三农”问题是目前影响国民经济持续健康发展的重要问题，是实现乡村振兴战略的重要议题。现阶段影响现代农业高质量发展的瓶颈已经从生产领域转向消费领域，提高农产品的流通效率为解决小农户与大市场的矛盾提供了新的解决路径，也为农民增收、农业增效提供了新思路。农产品生产具有地域差异性、需求普遍性、生产季节性、消费全年性等特征，造成了农产品供需之间的矛盾。随着科技的发展，互联网技术和互联网思维已经融入当今社会生产和生活之中。基于“互联网＋”的农产品流通模式的创新，契合了互联网时代的特征，也适应了农民、流通企业、消费者等在互联网时代的生产、经营和消费特征。因此，本书在深入剖析传统农产品流通模式存在的问题及发达国家农产品流通现状的基础上，提出基于“互联网＋”的农产品创新流通模式，认为该模式能够帮助解决“三农”问题，实现农民增收和农业增效，推动城乡融合，促进现代农业的高质量发展，具有重要的现实价值。同时，本书通过深入分析互联网对农产品流通的驱动机理以及相关成功的案例，进一步丰富和充实了现有的研究成果，因此具有较高的理论价值。

传统农产品的流通存在着交易环节繁多、交易成本较高的问题。流通主体的经营较分散，管理难度较大，农产品质量追溯困难；信息化水平较低，信息不对称，造成资源浪费并产生“柠檬市场”。农产品流通的基础设施比较薄弱，流通环节损失大、成本高、效率低、履约性差、监督成本高，不利于长期战略伙伴关系建立。买卖双方地位不对等导致“低买高卖”“谷贱伤农”“谷贵伤民”等流通问题的产生。冷链普及率较低，很难保证农产品真正的安全、新鲜和营养。要想从根本上解决农产品流通的问题、提升农产品的流通效率，就要从系统和供应链的视角来寻找突破，确保农产品在各流通环节顺畅高效运转并保证农产品的质量安全，提升人们“舌尖上的体验”，让人们吃得放心、吃得舒心。

基于“互联网＋”的农产品流通模式创新是在充分分析互联网时代消费者的消费习惯与消费特征的基础上，将互联网技术和互联网思维与农产品的流通深度融合，重新审视和设计农产品流通的各个环节，以解决传统农产品流通过程中存在的环节多、链条长、成本高、损耗大、保鲜难、满意度低等问题，提升流通主体的经营效率、消费者的价值感知和农产品流通链条上各主体的利润水平，塑造敏捷、高效的农产品供应链。基于"互联网+"的农产品流通模式创新包括三种模式：基于"互联网+"的农产品流通的C2B模式、基于"互联网+"的农产品流通的O2O模式、O2O+C2B的综合运营模式。基于"互联网+"的农产品流通的C2B模式的逻辑起点是消费者的个性化需求，终点是定制化产品满足了消费者需求，从而形成了"需求—供应"链条闭环。消费者根据个性化需求确定自己的订单，在C2B的信息化平台下单并支付预售定价或货款，C2B的信息化平台根据生产者的生产结构与规模将该消费者的订单进行分解，并在利用大数据平台合理分析配送成本、配送路径等信息后交由综合配送中心，配送中心则整合各生产者配送过来的各类农产品，形成满足消费者个性化需求的产品组合，再配送给消费者。实现这种模式的核心是：消费者可以根据个性化需求确定订单，信息中心需要对需求信息快速加工处理，生产者需要根据需求柔性化生产出定制化产品。基于"互联网+"的农产品流通的O2O模式以消费者需求为导向，同时兼顾消费者的价值感知和购买成本、生产者的价值以及中心企业的运营价值。利用互联网的思维、互联网技术，构建农产品流通的O2O模式，有助于实现线下线上优势互补，提升消费者的价值感知，降低农产品流通的成本，保障农产品的质量安全。基于"互联网+"的C2B+O2O模式采用冷链物流配送技术，引入政府监督激励机制，实现农产品生产者、电商、第三方物流及消费者的利益，建立长期的合作伙伴关系，提高农产品的抗风险能力。同时，利用"互联网+"构建农产品质量安全追溯系统有助于保证农产品从源头的生产、加工到流通配送等各环节的质量安全。该模式以农产品的提供者和互联网平台的搭建者作为整个流通模式的主导。

"互联网+"与流通领域的深度融合，重构了商贸流通业发展的生态环境，促使线上线下融合交易成为时代主流。在大数据和云技术的支撑下，商家可以准确搜集顾客需求信息，根据需求定制提供适宜外部环境的个性化产品，这种消费需求导向型的价值链模式能够有效提高商贸流通业的运营效率。同时，"互联网+"的发展带动了交易形式的变化，新的价值链模式下，实体交易环境无法满足流通信息的高效准确传递，线上线下融合的交易形式逐渐成为主流交易形式，这种交易模式的出现激发了新的消费点，大大地刺激了消费者的消费欲望，也提高了网络零售企业的运营效率。

选用非径向、非导向的DEA-SBM模型对农产品的流通效率进行测度和评价是可行的，也是有效的。本书科学地构建了农产品流通效率测度的评价指标体系和影响因素评价指标体系，基于2009～2018年的省级面板数据，客观分析了我国西部地区农产品流通的综合技术效率，并通过Tobit模型分析了影响西部地区农产品流通效率的主要因素，并为提升西部地区农产品的流通效率提出具体的对策和建议，为企业及行业实践研究提供参考。

本书融合了甘肃省高等学校创新能力提升项目和甘肃政法大学校级青年项目的研究成果，受到甘肃政法大学工商管理学科资助，由笔者独自完成。由于学术水平有限，书中难免存在一些缺陷和不足，敬请读者批评指正。

董海林

2020年11月

目　　录

第 1 章

绪　论

本章提出本书的研究背景、研究意义、研究的内容框架、逻辑及研究的创新点，是对本书的整体概述。

1.1　研究背景

党的十九大提出，实施乡村振兴战略是建设现代化经济体系的重要基础，是新时代做好“三农”工作的总抓手。如何解决农产品的流通问题、提升农产品流通的信息化水平、合理规划流通网络、促进农业生产的循环是帮助农民增收、促进农业增效的重要途径，也是解决“三农”问题和实施乡村振兴战略的重要议题。自 2016 年中央提出“互联网 +”战略后，“互联网 +”开始向各个领域渗透、延伸和拓展，这为“三农”领域发展带来了契机。将“互联网 +”与农产品流通相结合，让互联网思维和互联网技术与农产品的流通深度融合，有利于促进农产品生产订单化、流通格局合理化、资源配置最优化、农业生产信息化、增产增效科学化；同时，也促使小农户充分融入大市场，实现小农户与大市场的无缝对接。这样，既完善了小农户的市场主体地位，提升了内生动力，也降低了分散化经营所造成的风险。融入“互联网 +”战略的农产品流通模式是根据我国不同地区农产品物理特点来优化交易环节、降低流通成本、提高流通效率、健全农产品流通供应链网络体系的。这种模式可以为现代农业的发展打造良好的营商环境，培育新的经济发展引擎，开辟更多的就业渠道；可以实现农产品流通的全过程质量追溯，保证人们舌尖上的安全；可以推动农业供给侧改革，促进现代农业的高质量发展，为生产者及消费者带来更多利益。

1.2 研究意义

1.2.1 理论意义

高效的农产品流通是平抑农产品价格、调节产销矛盾、满足人们生产生活需求以及促进农户增收的有效途径。随着经济的发展和电子商务的悄然兴起，基于创新驱动的我国农产品流通格局不断演化。传统的流通模式形式单一、流通环节复杂、信息不对称、流通效率低，流通过程中农产品的价值减损严重。随着互联网技术的发展和供应链思想的不断深入，农产品的流通模式逐渐向多元化、集约化、信息化、智能化、高效化和便利化方向发展。基于“互联网+”的流通模式改变了传统的交易方式，原来流通渠道中的诸多中间商被交易平台所代替，扩大了农产品的交易范围，增加了交易频次和人们舌尖上的体验，使得“新零售”变得触手可及，有利于破解“高买低卖”的流通困境；同时，互联网技术发展还催生了智慧供应链和精益供应链的发展，将供应链上的生产者、制造商、批发商、零售商和消费者之间实现有效的信息共享，使得上下游企业之间的交流更加便利，缓解了牛鞭效应，增强了供应链的柔性和市场响应能力。移动支付方式代替了传统的现金交易，使得交易变得更加便捷，极大地刺激了消费，拉动了经济增长，也促进了现代金融体制的不断创新、完善。本书结合“互联网+”战略背景，研究农产品的流通模式及效率评价，对丰富供应链理论、促进金融体制改革具有重要的价值。

1.2.2 现实意义

近年来，“果贱伤农”“果贵伤民”“买难卖难”的现象频频在我国各省份上演。农户手中优质的农产品没法及时售卖，被动等待批发商上门收购，很多保鲜期要求较高、存储时间较短的农产品只能腐烂在地头，严重挫伤了农户的种植积极性。而零售端，消费者却没法买到质优价廉的商品，导致了流通困境。产生上述现象的主要原因是现代意义上的农产品流通模式尚未建立，流通水平低，流通过程中农产品价值减损严重，信息化水平较低，功能不健全，流通成本高居不下，没有真正实现“物畅其流”和农产品的质量追溯。“互联网+流通”理念的不断深入，引发了流通领域的一场革命，极大地降低了流通成本，提升了流通效率。以零售业为例，基于互联网平台的新零售模式逐渐成为主流，这样既减少了线下销售时店面租金的成本费用，同时使得零售业打破了时空限制，24 小时便利店随处可见，国内的生鲜农产品可以在国际市场广泛参与竞争，提升农产品的市场竞争力，促进现代农业的发展。特别是在新冠肺炎疫情期间，基于互联网技术，人们足不出户就能买到新鲜的农产品，这样既减少了疫情对农业的冲击，也为人们生活提供了巨大的便利，更为疫情防控阻击战的胜利提供了重要的保障。后疫情时代，“互联网 + 流通”将会在农业领域释放更大的潜力，助力农民增产增收。在生产领域，“互联网 + 流通”将赋能现代生产加工，且订单生产、定制化农业、柔性化的生产方式将成为一种新常态，互联网技术将成为现代生产加工业的驱动引擎，为制造业注入新的活力。从供应链视角来看，基于互联网技术的电子商务平台为供应链上的节点企业创造了良好的营商环境，有效整合了整个链条上的物流、商流、信息流和资金流，使组织模式向虚拟化、无边界方向发展，从而提升了供应链的敏捷性和整个系统的运作效率。另外，产业化进程对流通领域的要求，也促进了现代农业的高质量发展。

1.3　国内外研究综述

1.3.1　关于“互联网 +”的研究综述

学者王敏（2018）认为，“互联网 +”是顺应互联网技术的出现而产生的，是互联网思维在实践中的成果体现。该词最早可追溯到学者贾菲（Jaffe，1996）的专著 *Introducing the Internet PLUS：A Model Presentation for Trainers*。随着互联网技术的发展和电子商务的兴起，作为互联网思维的进一步延伸，“互联网 +”应运而生，互联网思维和互联网技术开始逐渐与各领域深度融合。促进组织结构、商业模式与运营机制的重构与创新，成为驱动经济发展的新引擎，催生经济社会发展新业态。国内“互联网 +”理念的首次提出最早可以追溯到 2012 年 11 月于扬在易观第五届移动互联网博览会的发言。2015 年 3 月 5 日，在第十二届全国人大三次会议上，李克强总理在政府工作报告中首次提出“互联网 +”行动计划。2015 年 7 月，在国务院印发的《关于积极推进“互联网 +”行动的指导意见》中，“互联网 +”已上升为国家战略，成为加速产业发展、增强创新能力、促进跨界融合的助推器。学者们对“互联网 +”

高度关注，从不同行业视角展开对“互联网+”的融合研究。白蕴琦（2020）分析了“互联网+教育”在未来推进传统教育体系改革方面释放出大量的不确定性，并依据理论、认识和实践提出应对措施。卢红云等（2020）利用“互联网+教育”理念，构建了基于“在线课堂（C）、虚拟实验室（L）、智慧实践基地（P）”三位一体的康复人才培养模式。张培、夏海鹰（2020），潘亮（2019），张伟珊、李卓运等（2019）分析了互联网背景下人才培养模式的新范式。周世杰、李玉柏等（2018），李建军、吕勇斌（2018），彭飞霞（2018），李梦卿、任寰（2017）分析了“互联网+”背景下复合型精英人才培养模式。姚红、邱风（2019），闻玉辉（2019），曹一鸣、孙彬博（2019），吴俊、杨佳萍（2016），张金玲（2016），乔宪遐、熊丽（2015）等研究了基于“互联网+”的课程教学改革与探索。丁艳（2020）分析了共享经济背景下农村经济发展的新模式。杨雅萍、姜侯等（2020）认为，“互联网+”背景下建立农产品的质量追溯体系要从建立质量安全追溯体系、强化风险预警、提升质量追溯技术等方面着手。周月书、笪钰婕等（2020）分析了互联网背景下农业产业链金融创新模式及运作机理，为小农户融入农业产业链提供了参考。曾晓华（2020）分析了“互联网+”背景下农业创新发展机制，认为要通过环境支持、农村物流、基础设施建设、人才培养四个方面共同构建农村创新发展的新机制。吴瑞兵（2018）提出了“互联网+社区支持农业”推进精准扶贫的作用机理及面临的主要问题，并提出了相应的对策路径。陈运平、黄小勇等（2019），周振（2019），陈俊江、李金兆等（2018）提出互联网驱动农业创新发展的新路径。周红娣、盛芝仁等（2020），汤少梁、龚颖（2020），徐慧、周典等（2020），丁胜、申刚磊等（2019），庄晓惠、陈龙（2017），孙东东（2016）探讨了“互联网+医疗”的融合研究。高柯夫、孙宏彬等（2020），张博、庞基敏等（2020），徐铭勋（2018），杨建勋、刘逸凡等（2018），周华庆（2017），陈国鹏（2016）作了互联网大数据在智慧交通中的应用研究。刘晓宇（2020），赵永胜（2020），冯燕芳、陈永平（2018），姚凯、涂平等（2018），陈旭（2019），刘春明、郝庆升（2018），谌飞龙（2018），谢敏（2017）探讨了互联网、大数据在营销领域的渗透融合。杜军、韩子惠等（2019），严爱玲、江宏等（2020），陈婷（2020），周亮、刘黎一帆（2020），荆菊（2020），张存萍（2019），王智茂、任碧云（2019），高苑（2019），米传民、李丹丹等（2018）分析了互联网在金融领域的创新及风险管理的对策。姚瑞、彭睿娟（2020），胡世伟（2019），袁晶、张彰（2018），任武军、李新（2018），王德刚（2016），肖远平、龚翔（2016）分析了基于大数据平台的产业创新，认为应突破产业边界融合发展，培养社会各界“互联网+”意识，积极鼓励“大众创业、万众创新”，整合旅游优势资源，促进旅游产业由粗放式向精细化运营方式转变，通过多种途径促进“互联网+旅游”的智慧化发展，为区域经济的发展打造新的增长引擎。

综上所述，针对“互联网+”的内涵及应用，学者们已经取得了一致的认识，并且展开了对互联网与传统行业深入融合的研究。但是，这些研究在深度、视角、内容创新及实证等方面却存在明显不足。因此，本书将深入探讨“互联网+”背景下，西部地区农产品的流通效率及影响因素，为进一步丰富“互联网+流通”的理论体系提供重要参考。

1.3.2 关于农产品流通的研究

1.3.2.1 农产品流通模式及渠道的研究

国外学者汉斯-亨里克·赫沃尔比和雅克斯·特里安（Hans-Henrik Hvolby and Jacques Trienekens，2010）以日本的农产品流通产业为研究对象，比较分析得出日本农产品流通的主要模式是批发市场带动商品流通，量大而且流通成本低。然而，随着市场经济的迅猛发展，很多像“农户+基地+合作社”“农超对接”等新兴的流通模式出现了，有助于更好地满足消费者的多样性需求，创造更多的消费者剩余。简·布尔玛（Jan Buurma，2013）研究了美国的农产品市场，认为美国的农产品种植具有产地集中、规划性强、专业化经营突出的特征，便于规模化的生产和管理，规模化效应显著，农产品的质量得到有效控制。同时，专业的中介机构，作为连接生产和销售的纽带，成为产销的实际流通主体。较为健全的物流基础设施和信息化网络体系也为美国大力发展以商超为主的零售业提供了必要的保障。罗什和巴德拉（Grosh and Bardara，1994）将交易成本理论应用到发展中国家的订单农业，发现发展该模式可以为生产者带来更多利益，农户通过与龙头企业合作可以降低交易成本和经营风险、增加生产者收益，但是这种模式在发展中国家引发大范围的违约现象，权益保障较低。杰西和里博（Jesse and Ribot，1998）则认为，在经济全球化大背景下，要想深刻了解农产品流通的全貌，就要运用商品链（commodity chain）方法从整体视角把握农产品流通。多沃德（Dorward，1998）将新制度经济学方法应用在不完全竞争市场，分析不发达国家农产品流通中的各种交易关系及发展水平。安德鲁·W. 谢泼德（Andrew W. Shepherd，2007）从生产者视角出发，对农产品的流通模式进行分类，研究并解释不同模式的特点和影响因素。

国内学者刘如意、李金保等（2020）基于区块链技术，构建了跨境农产品交易、跨境农产品物流、农产品质量溯源、农业融资为一体的联盟链，为农产品的高效流通提供了参考。纪良纲、王佳淏（2020）对三种生鲜电商模式（B2B、O2O、C2B）进行分析比较，并运用系统动力学理论和 Vensim 模型对其中两种市场占有度较高的模式进行仿真模拟。陈玉玲（2019）分析了京津冀区域传统农产品流通模式存在的问题，并提出了三级联动的梯字形农产品流通协作模式。石肖然、孙玉玲（2017）在总结发达国家农产品流通模式特点与成功经验的基础上，提出农超对接模式能够实现将分散的小农户集合到农产品的流通链条中来，他们认为，农超对接模式发展潜力大，是适合当前发展现代农业的一种有效的模式。政府应该通过政策支持和财政支持来推动该模式蓬勃发展。王晓平、张旭凤（2016）认为，农产品的质量安全问题有可能是农产品流通中的某一个或几个环节出问题导致的，全过程的质量追溯对企业来说并不经济，因此，他们提出了分阶段的农产品追溯模式。

1.3.2.2　融入现代信息技术的农产品流通模式研究

现代信息技术的广泛使用为农产品的流通及现代农业高质量发展提供了有力保障。放眼国内，淘宝、京东等电商平台的成功运营模式，为学者们开拓思维、灵活应用网络营销来促进农产品流通提供了宝贵经验。李源、李静（2020）构建了基于线上线下相结合的“个性化定制+线上消费+线下体验+延伸服务”的生鲜农产品流通模式。汪国贤、陈阿兴（2020）研究了基于“物联网+云平台”的“地头通”流通模式，即采取线上线下的协同发展，完善流通模式，拓宽流通渠道，强化农产品流通的全过程质量监控和管理，提高了流通效率，保证了农产品质量安全。王伟（2018）认为，基于云物流技术管理客户订单、整合物流资源、构建高效物流体系可使企业管理向科学化、高效化、规范化和精准化方向发展。王蕾（2016）在分析传统鲜活农产品流通模式弊端的基础上，从构建多渠道流通模式、建立冷链仓储基地、降低门店进场门槛等方面探索流通模式新格局。赵艳丽（2019）以西南地区的特色农产品为例，分析了传统流通模式中互联网技术利用率较低、基础设施较为薄弱、流通成本居高不下的问题，最后提出了基于互联网技术提升农产品流通效率的新模式。但斌、郑开维等（2018）利用扎根理论分析了“互联网+”背景下生鲜农产品 C2B 的实现路径。王秀梅（2018）认为，互联网技术对农产品的流通影响深远，并以广东省为例分析了“互联网+”背景下农产品流通模式的创新对策与建议。尤美虹、陶君成（2016）分析了互联网背景下如何让农产品成功“进城”以及让农产品与城市厨房成功对接，认为这样既提升了城市居民餐桌上的体验，也成功实现了利用商业化的思路来助农增收。

1.3.2.3 农产品流通模式的效率评价研究

农产品的流通效率是农业经济可持续发展的重要内容。因此，对农产品流通效率的测度与评价引起了学术界的广泛关注。何小洲等（2018），程书强等（2017），吕建兴、叶祥松（2019），李丽、胡紫容（2019）基于2010～2015年我国31个省份的面板数据，利用DEA－BCC模型对农产品的流通效率进行分析，并利用Malmquist指数对不同年度的效率增减变动趋势进行动态分析。王家旭等（2015）也利用上述方法对黑龙江2005～2012年的农产品的流通效率进行评价，并利用回归分析法分析了影响农产品流通效率的相关因素。张永强等（2017）、王利国等（2019）利用PCA－DEA模型对我国农产品的流通效率进行测度，并探讨其发展趋势。武孟飞等（2019）则利用熵权法和模糊综合评价方法测算了河南省2010～2016年的农产品流通效率及变化趋势。田刚等（2018）通过对生鲜电商企业的问卷调查，利用Super－SBM模型对被调查企业的技术效率进行测度，并基于技术—组织—环境（technology－organization－environment，TOE）理论分析了影响技术效率的因素，并进行Tobit回归分析。唐国斌等（2020）利用SEM方程模型对农产品流通效率的影响因素进行分析。王磊、张娜（2016）在分析流通效率影响的基础上，基于产业链视角提出了提升农产品流通效率的逻辑脉络和实现路径。黄梓轩、陈菲（2019）利用PCA－DEA－Malmquist指数分析法对长江经济带2007～2016年的农产品的流通效率进行测算并分析了时空差异。张文剑（2020）利用SE－DEA模型对区域农产品流通效率测度。王春豪、袁菊（2019）利用非径向超效率三阶段模型对西部地区现代流通业的效率及时空差异进行分析。胡青华（2020）从新经济地理学视角，利用Malmquist指数分析法分析长江经济带农产品的流通效率，认为长江经济带农产品的流通效率虽呈逐年上升的趋势，但是各省级之间的空间差异较大，并利用空间杜宾模型分析了影响农产品流通效率的因素。

1.3.2.4 影响农产品流通效率的因素分析

刘天祥、孟琴（2018）从古典和新古典理论分析了分工和流通效率的关系，并利用截面数据实证分析了影响农产品流通效率的因素。李霞（2018）认为，流通主体层次低、功能定位模糊、流通环节较多、信息化水平较低、基础设施滞后是制约农产品流通效率提升的瓶颈因素。曹思芹、聂小红（2018）通过实证研究分析了政府金融支持对流通效率的影响，认为二者之间存在倒“U”型关系。吴舒、穆月英（2016）以31个省份的升级面板数据为样本，分析了影响蔬菜流通效率的主要因素，并通过实证分析提出城镇人口数量是影响蔬菜流通效率的最主要原因。陈金波、戴化勇（2014）通过实证分析，认为农产品流通的投入、交通设施状况、居民收入和居民消费水平对农产品流通的影响最显著。周华（2013）认为，渠道沟通是影响农产品流通最主要的因子，渠道沟通不畅会造成信息不对称、流通成本较高，影响农产品跨区域的流通效率。欧阳小迅、黄福华（2013）分析了“入世”对农产品流通效率的影响，并通过实证表明，“入世”虽然使农村物流基础设施得到完善，农村的信息化网络建设更加健全，农村劳动力的素质普遍提高，但是农业小规模生产的长期存在，使得“入世”对农产品流通效率的影响并不显著。

1.3.2.5 农产品流通模式发展趋势研究

不同国家依据不同的农业发展基础，形成了多样化的农产品流通模式及差别化的发展趋势。中国学者张旭东认为，日本农产品流通的发展趋势主要表现为网络销售模式及发达的物流系统，美国的农场式生产决定了其农产品流通的发展趋势为协约订单或直销模式，巴西农产品主要借助农业合作社模式，联合小农户是其农产品流通的发展趋势，欧盟主要是通过建立高效的物流系统来强化供应链模式进而发展鲜活农产品流通的。国内学者也从不同视角对农产品流通模式的发展趋势展开研究。江静（2016）以及孙琪、李敏（2015）认为，智能化是未来农产品流通的主流趋势，是降低农产品的流通成本，是破解“最后一公里”难题的重要途径。刘刚（2015）在分析农产品流通模式演变的基础上提出，新技术的推动、法律政策的保障、消费者消费模式的改变是造成农产品流通模式改变的主要动因，并提出未来农产品流通创新模式。周勇和池丽华（2014）在介绍国外农产品流通三种典型模式的基础上，总结了我国农产品流通模式从集贸市场为主导向批发市场为主导发展的五个阶段，并分析了我国农产品流通面临的四个问题，提出在电子商务背景下农产品流通的两个发展趋势，即农产品批发市场从现货交易向期货交易发展，农产品零售市场从实体店销售向两线融合发展。

1.3.3 文献评述

我国在农产品流通领域的研究起步较晚，我国学者阅读海外文献发现，外国学者依据本国农业基础来研究互联网经济与农产品流通相结合的模式已有相对成熟的成果。我国一些学者通过调研、实地考察、数据分析等方法来研究农产品流通，并总结出与当地的经济环境相适应的流通模式，带动了当地经济的增长，为解决“三农”问题打下基础。但其中有些学者对农产品流通模式的研究仅以单一现象或某一节点为研究基础，忽视了经济体制演变下流通模式的不断更新，而且研究中很少涉及外在的政策及经济背景因素。实际上，每一种模式都是在特定的环境下形成的，外在条件发生变化，流通模式也会相应更新。另一些学者对农产品流通模式的研究，主要从交易费用理论、市场营销理论等视角开展，缺少全面性、多样性的视角和理论来全方位分析网络经济发展流通模式的优劣。因此，要做到从拓展研究视角来创新农产品流通模式，就要从整体利益出发研究农产品流通模式的选择和创新，真正做到流通的高效率。另外，较多文献从定性的角度对农产品流通中如何降低成本提升效率的影响机理进行分析。虽有文献从定量的角度分析了农产品的流通效率，但是大多数的文献所采用的方法是传统的主成分分析法、CCR 模型或 BBC 模型、Malmquist 指数等进行测度，在评价方法上具有一定的局限性。而且，对西部地区农产品流通效率及影响因素进行研究的文献较为鲜见。因此，本书选用非径向、非导向的 DEA－SBM 模型对西部地区农产品流通效率进行测度，并在此基础上利用 Tobit 模型对影响西部地区农产品流通效率的因素进行实证分析，以期为西部地区农产品流通效率提升提供决策参考。

1.4 研究的内容、方法与逻辑

本书以农产品的流通为研究对象，在文献梳理、搭建基础理论、分析目前农产品的主要流通模式及现状的基础上，首先，对基于“互联网＋”的农产品的流通模式进行总体概述；其次，深入阐释了互联网技术对农产品流通效率提升的作用机理；再次，利用非径向、非导向的 DEA－SBM 模型对西部地区农产品流通效率进行测度，并利用 Tobit 模型对影响农产品流通效率的因素进行实证分析；最后，提出提升西部地区农产品的流通效率的具体对策。本书分为以下七章。

第1章绪论，重点介绍研究背景、研究意义、国内外文献综述、研究的主要内容、研究的逻辑脉络及主要方法。

第2章相关概念与理论基础，系统梳理与本书相关的概念及理论，主要阐述交易费用理论、劳动分工理论、流通理论、网络组织理论、供应链管理理论等。

第3章传统农产品的流通模式及存在的问题，研究了传统农产品的流通模式（农户自营、以批发市场为核心、以专业合作社为主、以龙头企业为主、以农贸市场为核心、以连锁超市为核心及其他农产品的流通模式)，并依据PEST模型深入分析农产品流通的外部环境，阐释农产品流通的行业发展现状及产业链，提出传统农产品流通中存在的问题，为下一章研究“互联网+”背景下农产品流通模式的构建奠定基础。

第4章“互联网+”背景下农产品的新型流通模式分析，分析了“互联网+”背景下农产品流通的C2B模式、O2O模式，O2O+C2B的运营模式。

第5章互联网对流通效率提升的作用机理。

第6章基于DEA－Tobit回归的流通效率提升实证研究，选用非径向、非导向的DEA－SBM模型对西部地区农产品的流通效率进行测度，并在此基础上利用Tobit模型对影响西部地区农产品流通效率的因素进行实证分析。

第7章结论与建议，提出提升西部地区流通效率的对策建议。

研究方法与研究逻辑如图1－1所示。

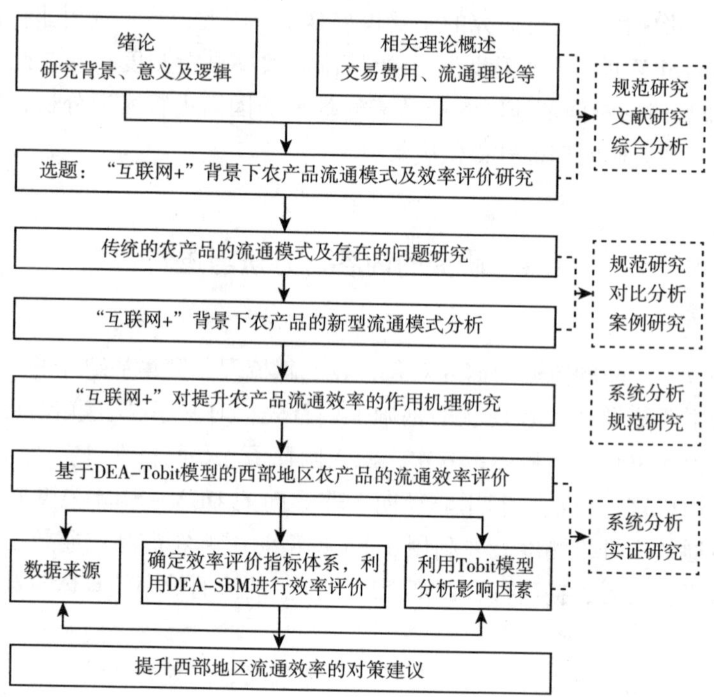

图1－1　研究方法与研究逻辑

研究方法：

(1) 文献综述法。概念界定及理论分析部分使用文献综述法。传统模式下农产品的流通模式与“互联网+”背景下农产品的流通模式部分的论述采用比较分析法。

（2）实证分析法。“互联网+”背景下农产品不同流通模式的效率评价部分采用实证分析法，利用DEA-SBM模型对西部地区农产品的流通效率进行测度，以测算的技术效率值为被解释变量，利用Tobit模型对影响西部地区农产品流通效率的因素进行实证分析。

（3）案例分析法。本书通过禧福农业、美菜网、海尔卡奥斯（COSMOPlat）、多利农庄、赶街网、沱沱工社、7FRESH生鲜超市等案例来生动阐释“互联网+”背景下C2B、O2O新型流通模式的可行性，并为其他流通主体提供经验。

1.5　研究的创新点与不足

本书的主要创新点在于以下两点。

（1）视角新。本书在分析传统农产品流通模式的基础上，对比分析了美国、日本的农产品流通模式，为提升我国农产品的流通效率提供参考。笔者从系统与供应链的视角出发，重新构建了基于“互联网+”的农产品流通的C2B模式、O2O模式及C2B+O2O的综合运营模式，并通过丰富的案例对不同流通模式的运营流程、价值创造等方面进行详细阐释，进一步丰富了农产品流通的理论体系；同时，基于“互联网+”时代消费者需求特征的分析，本书从系统角度设计农产品的流通体系，有利于润滑农产品的供应链条，提升流通效率，为农户增加收益，为顾客创造价值，具有较强的现实价值。

（2）方法新。对于农产品流通效率的测度，大多数学者采用静态的基于规模收益不变的CCR模型、规模收益可变的BBC模型，或基于动态分析的Malmquist指数分析法来对农产品的流通效率进行测度。在径向DEA模型中，对于无效率程度的测量只包含了所有投入（产出）等比例缩减（增加）的比例，对于无效的决策单元DMU来说，其当前状态与强有效目标值之间的差距，除了等比例改进的部分外，还包括松弛改进部分，而松弛改进部分在效率值中并未得到体现。基于此，本书选用非径向、非导向的DEA-SBM模型对农产品的流通效率进行更加精准的测度，并在此基础上采用Tobit模型对影响农产品流通的主要因素进行回归分析。

本书研究的不足之处：选取了2009～2018年西部地区的升级面板数据进行测度，研究样本的年份跨度较小，可能会影响研究结构的准确性。

本书将不断深化对“互联网+”农产品流通模式的创新研究，并进一步优化流通效率的评价方法与实证研究。

第2章

相关概念与理论基础

本章在第1章文献综述的基础上，详细界定了农产品、农产品的流通等概念，阐述了相关的基础理论，区分了农产品的流通、农产品物流、农产品营销渠道及农产品供应链的含义；同时，研究了“互联网+”的内涵及外延，梳理了交易费用理论、马克思流通理论、劳动分工理论、网络组织理论、供应链管理理论等相关理论，并概括了多种理论在农产品流通中的应用，为进一步研究农产品的流通效率奠定了理论基础。

2.1 “互联网+”理论的内涵及外延

2.1.1 “互联网+”的内涵

“互联网+”是指在创新2.0（信息时代、知识社会的创新形态）推动下由互联网发展的新业态，也是在知识社会创新2.0推动下由互联网形态演进、催生的经济社会发展新形态。简单地说，“互联网+”就是“互联网+传统行业”，是随着科学技术的发展，利用信息和互联网平台，使互联网与传统行业进行融合，利用互联网具备的优势特点，创造新的发展机会。“互联网+”通过其自身的优势，对传统行业进行优化升级转型，使得传统行业能够适应当下的新发展，进而推动社会不断地向前发展。“互联网+”是互联网思维的进一步实践成果，推动经济形态不断地发生演变，从而带动社会经济实体的生命力，也为改革、创新、发展提供了广阔的网络平台。虽然“互联网+”就是“互联网+各个传统行业”，但这并不是简单的两者相加，而是利用信息通信技术以及互联网平台，让互联网与传统行业进行深度融合，创造新的发展生态。它代表一种新的社会形态，即充分发挥互联网在社会资源配置中的优化和集成作用，将互联网的创新成果深度融合于经济、社会各域之中，提升全社会的创新力和生产力，形成更广泛的以互联网为基础设施和实现工具的经济发展新形态。2015 年 7 月 4 日，国务院印发《国务院关于积极推进“互联网 +”行动的指导意见》。2020 年 5 月 22 日，国务院总理李克强在发布的《2020 年国务院政府工作报告》中提出，全面推进“互联网 +”，打造数字经济新优势。

“互联网 +”具有以下鲜明的特征。

一是跨界融合。“ +”就是跨界，就是变革，就是开放，就是重塑融合。敢于跨界了，创新的基础就更坚实；融合协同了，群体智能才会实现，从研发到产业化的路径才会更垂直。融合本身也指代身份的融合，客户消费转化为投资，伙伴参与创新，等等，不一而足。二是创新驱动。中国粗放的资源驱动型增长方式早就难以为继，必须转变到创新驱动发展这条正确的道路上来。这正是互联网的特质，即用互联网思维来求变、自我革命，也更能发挥创新的力量。三是重塑结构。信息革命、全球化、互联网业已打破了原有的社会结构、经济结构、地缘结构、文化结构。权力、议事规则、话语权不断在发生变化。“互联网 + 社会治理”、虚拟社会治理会有很大的不同。四是尊重人性。人性的光辉是推动科技进步、经济增长、社会进步、文化繁荣最根本的力量，而互联网的力量之所以强大，最根本地也来源于对人性的最大限度的尊重、对人体验的敬畏、对人的创造性发挥的重视。例如 UGC、卷入式营销以及分享经济。五是开放生态。关于“互联网 +”，生态是非常重要的特征，而生态的本身就是开放的。我们推进“互联网 +”，其中一个重要的方向就是要把过去制约创新的环节化解掉，把孤岛式创新连接起来，研发由人性决定的市场驱动，让创业并努力者有机会实现价值。六是连接一切。连接是有层次的，可连接性是有差异的，连接的价值是相差很大的，但是连接一切是“互联网 +”的目标。

2.1.2 “互联网 +”的外延之一：互联网思维

互联网思维就是在（移动）互联网、大数据、云计算等科技不断发展的背景下，对市场、用户、产品、企业价值链乃至对整个商业生态进行重新审视的思考方式。[①] 互联网思维主要包括以下思维模式。

（1）用户思维，是互联网思维的核心。用户思维，是指在价值链各个环节中都要“以用户为中心”去考虑问题。在互联网时代，用户思维贯穿企业

① 余来文，封智勇，林晓伟．互联网思维：云计算、物联网、大数据［M］．北京：经济管理出版社，2018.

运营的始终。根据客户的多样需求提供定制化的服务，创造更多的消费者剩余，培养企业的忠实客户，是企业在竞争中处于不败之地的重要法宝。同时，消费者的需求也深入影响着企业各个环节的决策。

（2）简约思维，是指移动互联生态下，用户获取信息的成本极低，转移的成本更低，必须快速抓住消费者的注意力。而简约意味着专注，意味着明确、强调和放大亮点，意味着凸显核心价值。对企业来说，简约思维体现在对品牌和产品的规划理解。有的厂商习惯使用大而全的品牌策略，使产品线过于冗长，产品的包装所展示的信息虽然较多，但缺乏亮点信息，增加了消费筛选产品信息的时间成本。因此，极简的思维应该贯穿于企业的品牌设计和包装设计。包装设计要使形式产品与核心产品的价值相匹配，避免华而不实、过度包装。另外，包装设计既要方便消费者选购，又要突出环境保护，真正实现经济效益和社会效益的协调发展。

（3）极致思维，是把一件新生事物产品的质量做到极致，把服务的质量也提高到制高点，提高用户体验。常言道："成功就是将平凡的事做得不平凡，将平凡的事做到极致。"对企业而言亦是如此。激烈的市场竞争，为中小企业可持续发展带来很大的挑战。中小企业大多面临着资金不足、融资困难、技术创新不足等经营瓶颈，因此，将有限的资源分配到较多的产品或项目，显然是不可取的。企业应该利用有限的资源专攻自己所擅长的业务，将自身的优势做到极致，然后再带动奇特短板业务，这才是企业可持续发展之道。近年来，第三方物流如雨后春笋般快速崛起，这也是极致思维在物流领域的应用，即做核心业务，将不擅长的非核心业务外包。

（4）迭代思维，是对创新流程与时间的理解。传统企业推出新产品一般需要长达2~3年的周期，而互联网背景下企业的产品开发采取迭代方式。与用户的不断碰撞能激发创新灵感，完善产品，使产品具有无限更新迭代的生命力，并不断地引导顾客需求，为企业带来更大的利润。可以说，产品的更新迭代能力是企业可持续发展的重要力量源泉。

（5）流量思维，是对业务运营的理解。互联网背景的企业具有典型的流量思维。"流量即出口""流量即金钱"等理念推动互联网背景下的企业实施流量为先战略。

（6）社会化思维，是对传播链、关系链的理解。企业所面对的员工和客户都是以"网"的形式存在，使得沟通和交流变得更加频繁。对于企业而言，社会化的思维很重要。当今社会的竞争，不是一个企业的单打独斗，而是供应链与供应链之间的竞争。为了提升供应链的市场响应能力，打造精益供应链，生产商、批发商、零售商等参与主体应相互协调配合，强化对整个网链结构上物流、商流、信息流和资金流的管理，以提升供应链的柔性，增强竞争力。

（7）大数据思维，是对企业资产、核心竞争力的理解。大数据已成为互联网背景下的核心资产，数据的挖掘能力与分析能力已成为企业打造核心竞争力的重要因素。数据即是资源。对数据进行精深加工、去粗取精、去伪存真进而提炼出的信息就是商业价值所在。大数据思维已贯穿企业的整个价值链条。

（8）平台思维，是对商业模式和组织形态的理解。互联网平台思维的精髓就是开放、共享和共赢，进而打造多维度的共赢生态圈。2017 年，习主席曾在"一带一路"国际合作高峰论坛上说："大雁之所以能够穿越风雨、行稳致远，关键在于其结伴成行，相互借力。""一带一路"国家战略的提出，为中国走向更广阔的国际舞台提供了机遇，更为沿线国家加强贸易、思想、文化的广泛交流架起了坚实的桥梁。各国之间也应该坚持平台思维，以更加开放的心态共建开放合作、开放创新、开放共享的世界经济。

（9）跨界思维，是对产品边界和创新的理解。随着互联网技术的不断发展，很多的产业边界变得更加模糊，无边界组织已逐渐成为企业的主要组织结构形式。

2.1.3 "互联网+"的外延之二：互联网相关技术

2.1.3.1 移动互联网

移动互联网是移动和互联网融合的产物，将移动通信和互联网二者结合起来，成为一体。它是互联网技术、平台、商业模式和应用与移动通信技术结合并实践的活动的总称。① 它继承了移动随时、随地、随身和互联网开放、分享、互动的优势，是一个全国性的、以宽带 IP 为技术核心的，可同时提供话音、传真、数据、图像、多媒体等高品质电信服务的新一代开放的电信基础网络，由运营商提供无线接入，互联网企业提供各种成熟的应用。

移动互联网的组成可以归纳为移动通信网络、移动互联网终端设备、移动互联网应用和移动互联网相关技术四大部分。②

（1）移动通信网络。移动互联网时代无须连接各终端、节点所需要的网线。移动通信技术通过无线网络将网络信号覆盖延伸到每个角落，让我们能随时随地接入所需的移动应用服务。

---

① 王江汉．移动互联网概论［M］．成都：电子科技大学出版社，2018：1－20.

② 汪文斌．移动互联网［M］．武汉：武汉大学出版社，2013：2－20.

(2) 移动互联网终端设备。移动互联网终端设备的兴起才是移动互联网发展的重要助推器。

(3) 移动互联网应用。电子阅读、移动音乐、手机游戏、视频应用、手机支付、位置服务等移动互联网应用正改变着人们的生活。

(4) 移动互联网相关技术。移动互联网相关技术总体上分成三大部分:移动互联网终端技术、移动互联网通信技术和移动互联网应用技术。移动互联网终端技术包括硬件设备的设计和智能操作系统的开发技术。无论是智能手机还是平板电脑，都需要移动操作系统的支持。在移动互联网时代，用户体验已经逐渐成为终端操作系统发展的至高追求。移动互联网通信技术包括通信标准与各种协议、移动通信网络技术和中段距离无线通信技术。在过去的十年中，全球移动通信发生了巨大的变化，移动通信特别是蜂窝网络技术的迅速发展，使用户彻底摆脱终端设备的束缚，实现完整的个人移动性、可靠的传输手段和接续方式。移动互联网应用技术包括服务器端技术、浏览器技术和移动互联网安全技术。目前，支持不同平台、操作系统的移动互联网应用很多。

2.1.3.2 大数据

一般认为，大数据（big data）是指无法在一定时间范围内用常规软件工具进行捕捉、管理和处理的数据集合，是需要新处理模式才能具有更强的决策力、洞察发现力和流程优化能力的海量、高增长率和多样化的信息资产。

在维克托·迈尔-舍恩伯格（Viktor Mayer-Schönberger）及肯尼斯·库克耶（Kenneth Cukier）编写的《大数据时代》中，大数据指不用随机分析法（抽样调查）这样的捷径，而采用所有数据进行分析处理。大数据的5个特点（IBM提出）为大量、高速、多样、低价值密度、真实性。

麦肯锡全球研究所认为大数据是一种规模大到在获取、存储、管理、分析方面大大超出了传统数据库软件工具能力范围的数据集合，具有海量的数据规模、快速的数据流转、多样的数据类型和价值密度低四大特征。

大数据需要特殊的技术，以有效地处理大量的容忍经过时间内的数据。适用于大数据的技术，包括大规模并行处理数据库、数据挖掘、分布式文件系统、分布式数据库、云计算平台、互联网和可扩展的存储系统。

大数据包括结构化、半结构化和非结构化数据，而且非结构化数据越来越成为数据的主要部分。互联网数据中心（Internet Data Center，IDC）的调查报告显示，企业中80%的数据都是非结构化数据，这些数据每年都按指数增长60%。认知大数据理论可从以下几个方面来分析。

一是大数据理论。理论是认知的必经途径，也是被广泛认同和传播的基线。本书主要从大数据的特征定义理解行业对大数据的整体描绘和定性，从对大数据价值的探讨来深入解析大数据的珍贵所在；洞悉大数据的发展趋势，从大数据隐私这个特别而重要的视角审视人和数据之间的长久博弈。

二是技术。技术是大数据价值体现的手段和前进的基石。本书分别从云计算、分布式处理技术、存储技术和感知技术的发展来说明大数据从采集、处理、存储到形成结果的整个过程。

三是实践。实践是大数据的最终价值体现。本书分别从互联网的大数据、政府的大数据、企业的大数据和个人的大数据四个方面来描绘大数据已经展现的美好景象以及即将实现的蓝图。

2.1.3.3　云计算

云计算（cloud computing）是分布式计算的一种，指的是网络“云”将巨大的数据计算处理程序分解成无数个小程序，然后，通过多部服务器组成的系统进行处理和分析进而得到结果并返回给用户。这项技术可以在很短的时间内（几秒钟）完成对数以万计的数据的处理，从而达到强大的网络服务水平。[①]

云计算具有高灵活性、可扩展性和高性比等特点，与传统的网络应用模式相比，其具有如下优势与特点。[②]

（1）虚拟化技术。虚拟化突破了时间、空间的界限，是云计算最为显著的特点，虚拟化技术包括应用虚拟和资源虚拟两种。众所周知，物理平台与应用部署的环境在空间上是没有任何联系的，正是通过虚拟平台对相应终端操作完成数据备份、迁移和扩展等。

（2）动态可扩展。云计算具有高效的运算能力，而在原有服务器基础上增加云计算功能能够使计算速度迅速提高，最终通过实现动态扩展虚拟化的层次达到对应用进行扩展的目的。

（3）按需部署。计算机包含了许多应用、程序软件等。不同的应用对应的数据资源库不同，因此，用户运行不同的应用需要较强的计算能力对资源进行部署，而云计算平台能够根据用户的需求快速配备计算能力及资源。

（4）灵活性高。目前市场上大多数 IT 资源、软件、硬件都支持虚拟化，比如存储网络、操作系统和开发软件、硬件等。虚拟化要素统一放在云系统资

---

① 托马斯·厄尔，等．云计算：概念、技术与框架［M］．龚奕利，贺莲，胡创，译．北京：工业机械出版社，2014.

② 李文军．计算机云计算及其实现技术分析［J］．军民两用技术与产品，2018，（22）：57 - 58.

源虚拟池当中进行管理，可见云计算的兼容性非常强，不仅可以兼容低配置机器及不同厂商的硬件产品，还能够外设获得更高性能计算。

（5）可靠性高。依靠云计算，即使服务器故障也不影响计算与应用的正常运行，这是因为单点服务器出现故障可以通过虚拟化技术将分布在不同物理服务器上面的应用进行恢复或利用动态扩展功能部署新的服务器进行计算。

（6）性价比高。将资源放在虚拟资源池中统一管理在一定程度上优化了物理资源。用户不再需要昂贵、存储空间大的主机，可以选择相对廉价的 PC 组成云，一方面减少费用，另一方面计算性能不逊于大型主机。

（7）可扩展性。用户可以利用应用软件的快速部署条件来更为简单快捷地将自身所需的已有业务以及新业务进行扩展。例如，计算机云计算系统中出现设备的故障，对于用户来说，无论是在计算机层面上，抑或是在具体运用上均不会受到阻碍，用户可以利用计算机云计算具有的动态扩展功能来对其他服务器开展有效扩展，这样一来就能够确保任务有序完成。对虚拟化资源进行动态扩展的同时高效扩展应用，可以提高计算机云计算的操作水平。

云计算的服务类型分为三类：基础设施即服务（IaaS）、平台即服务（PaaS）和软件即服务（SaaS）。[①]

（1）基础设施即服务（IaaS）。基础设施即服务是主要的服务类别之一，它向作为云计算提供商的个人或组织提供虚拟化计算资源，如虚拟机、存储、网络和操作系统。

（2）平台即服务（PaaS）。平台即服务是一种服务类别，为开发人员提供通过全球互联网构建的应用程序和服务平台。平台即服务为开发、测试和管理软件应用程序提供按需开发环境。

（3）软件即服务（SaaS）。软件即服务也是其服务的一类，通过互联网提供按需软件付费应用程序，云计算提供商托管和管理软件应用程序，并允许其用户连接到应用程序并通过全球互联网访问应用程序。

云计算需要实现体系结构、资源控制和自动化部署等关键技术。

（1）体系结构。实现计算机云计算需要创造一定的环境与条件，尤其是体系结构必须具备以下关键特征：第一，要求系统必须智能化，具有自治能力，在减少人工作业的前提下实现自动化处理平台智能响应要求，因此云系统应内嵌有自动化技术；第二，面对变化信号或需求信号云系统要有敏捷的反应能力，对云计算的架构有一定的敏捷要求；第三，随着服务级别和增长速度的

---

① 王雄．云计算的历史和优势［J］．计算机与网络，2019，45（2）：44.

快速变化，云计算同样面临巨大挑战，而内嵌集群化技术与虚拟化技术能够应对此类变化。云计算平台的体系结构由用户界面、服务目录、管理系统、部署工具、监控和服务器集群组成。

（2）资源监控。云系统上的资源数据十分庞大，同时资源信息更新速度快，想要精准、可靠的动态信息就需要有效途径确保信息的快捷性。而云系统能够为动态信息进行有效部署，同时兼备资源监控功能，有利于对资源的负载、使用情况进行管理。资源监控作为资源管理的“血液”，对整体系统性能起关键作用，一旦系统资源监管不到位，信息则缺乏可靠性，那么如果其他子系统引用了错误的信息，必然对系统资源的分配造成不利影响。

（3）自动化部署。科学进步的发展倾向于半自动化操作，实现了出厂即用或简易安装使用。基本上计算资源的可用状态也发生转变，逐渐向自动化部署。对云资源进行自动化部署指的是在脚本调节的基础上实现不同厂商对于设备工具的自动配置，用以减少人机交互比例、提高应变效率，避免超负荷人工操作等现象的发生，最终推进智能部署进程。自动化部署主要指的是通过自动安装与部署来实现计算资源由原始状态变成可用状态。其在计算中表现为能够划分、部署与安装虚拟资源池中的资源，能够给用户提供各类应用与服务的过程，包括存储、网络、软件以及硬件等。系统资源的部署步骤较多，自动化部署主要是利用脚本调用来自动部署与配置各个厂商设备管理工具，保证在实际调用环节能够采取静默的方式，避免了繁杂的人际交互，让部署过程不再依赖人工操作。除此之外，数据模型与工作流引擎是自动化部署管理工具的重要部分，不容小觑。一般情况下，对于数据模型的管理就是将具体的软硬件定义在数据模型当中即可；而工作流引擎指的是触发、调用工作流，以提高智能化部署为目的，善于将不同的脚本流程在较为集中与重复使用率高的工作流数据库当中应用，有利于减轻服务器工作量。

2.1.3.4　物联网

物联网（the internet of things，IOT）是指通过各种信息传感器、射频识别技术、全球定位系统、红外感应器、激光扫描器等装置与技术，实时采集任何需要监控、连接、互动的物体或过程，采集其声、光、热、电、力学、化学、生物、位置等各种需要的信息，通过各类可能的网络接入，实现物与物、物与人的泛在连接，实现对物品和过程的智能化感知、识别和管理。物联网是一个基于互联网、传统电信网等的信息承载体，它让所有能够被独立寻址的普通物理对象形成互联互通的网络。①

物与物、人与物之间的信息交互是物联网的核心。物联网的基本特征可概括为整体感知、可靠传输和智能处理。②

（1）整体感知，可以利用射频识别、二维码、智能传感器等感知设备感知获取物体的各类信息。

（2）可靠传输，通过对互联网、无线网络的融合，将物体的信息实时、准确地传送，以便信息交流、分享。

（3）智能处理，使用各种智能技术，对感知和传送到的数据、信息进行分析处理，实现监测与控制的智能化。

物联网的主要功能包括以下几个。

（1）获取信息，主要是信息的感知、识别。信息的感知是指对事物属性状态及其变化方式的知觉和敏感，信息的识别指能把所感受到的事物状态用一定方式表示出来。

（2）传送信息，主要是信息发送、传输、接收等环节，并把获取的事物状态信息及其变化的方式从时间或空间上的一点传送到另一点的任务，这就是常说的通信过程。

（3）处理信息，是指信息的加工过程，利用已有的信息或感知的信息产生新的信息，实际是制定决策的过程。

（4）施效信息，指信息最终发挥效用的过程，有很多的表现形式，比较重要的是通过调节对象事物的状态及其变换方式，始终使对象处于预先设计的状态。

物联网的核心技术包括射频识别技术、传感网技术、M2M 系统框架和云计算等。

（1）射频识别技术。射频识别技术（radio frequency identification，RFID）。RFID 是一种简单的无线系统，由一个询问器（或阅读器）和很多应答器（或标签）组成。标签由耦合元件及芯片组成，每个标签具有扩展词条唯一的电子编码，附着在物体上标识目标对象，它通过天线将射频信息传递给阅读器，而阅读器就是读取信息的设备。RFID 技术让物品能够“开口说话”。这就赋予了物联网一个特性，即可跟踪性。

（2）传感网。微机电系统（micro-electro-mechanical systems）是由微传感器、微执行器、信号处理和控制电路、通信接口和电源等部件组成的一体化微

---

① 刘陈，景兴红，董钢．浅谈物联网的技术特点及其广泛应用［J］．科学咨询，2011（9）：86.

② 甘志祥．物联网的起源和发展背景的研究［J］．现代经济信息，2010（1）.

型器件系统。其目标是把信息的获取、处理和执行集成在一起，组成具有多功能的微型系统，集成于大尺寸系统中，从而大幅度地提高系统的自动化、智能化和可靠性水平。它是比较通用的传感器。MEMS 赋予了普通物体新的生命，它们有了属于自己的数据传输通路，有了存储功能、操作系统和专门的应用程序，从而形成一个庞大的传感网。

（3）M2M 系统框架。M2M 是机器对机器或机器对人（machine to machine/man）的简称，是一种以机器终端智能交互为核心的、网络化的应用与服务。它将使对象实现智能化的控制。M2M 技术涉及 5 个重要的技术部分：机器、M2M 硬件、通信网络、中间件、应用。基于云计算平台和智能网络，用户可以依据传感器网络获取的数据进行决策，对改变对象的行为进行控制和反馈。

（4）云计算。

2.2　农产品流通的相关概念

2.2.1　农产品的含义及主要类别

本书对农产品概念的鉴定采用《农产品质量安全法》中的定义。农产品是指来源于农业生产的初级产品，即在农业活动中获得的植物、动物、微生物及其产品。[①]

农产品作为初级的农业产品，包括种植业、畜牧业和渔业产品，不包括经过加工的各类产品。农产品具有以下特征。

（1）农产品接近绝对需求。

（2）农产品需求比较稳定，农产品的需求弹性小于供给弹性，农产品的供给量发生较小的变化，都可能导致农产品的市场价格发生暴涨或是暴跌。

（3）农产品生产具有明显的季节性、周期性和地域性。

（4）农产品的生产受到气候影响较大，年度之间的产量难以保持稳定，市场难以实现均衡。

（5）大多数农产品具有地域禀赋，品质与地域有直接关联性。

农产品存在以下主要类别。

① 中华人民共和国质量安全法（2018 修订版）[M]. 北京：中国法制出版社，2018.

(1) 烟叶：是以各种烟草的叶片经过加工制成的产品，因加工方法不同，又分为晒烟叶、晾烟叶和烤烟叶。

(2) 毛茶：是指从茶树上采摘下来的鲜叶和嫩芽（即茶青），经吹干、揉拌、发酵、烘干等工序初制的茶。

(3) 食用菌：是指自然生长和人工培植的食用菌，包括鲜货、干货，以及农业生产者利用自己种植和采摘的产品连续进行简单保鲜、烘干、包装的鲜货和干货。

(4) 瓜、果、蔬菜：是指自然生长和人工培植的瓜、果、蔬菜，包括农业生产者利用自己种植和采摘的产品进行连续简单加工的瓜、果干品和腌渍品（以瓜、果、蔬菜为原料的蜜饯除外）。

(5) 花卉、苗木：是指自然生长和人工培植并保持天然生长状态的花卉、苗木。

(6) 药材：是指自然生长和人工培植的药材，不包括中药材或经中成药生产企业切、炒、烘、焙、熏、蒸、包装等工序处理的加工品。

(7) 粮油作物：是指小麦、稻谷（含粳谷、籼谷、元谷）、大豆、杂粮（含玉米、绿豆、赤豆、蚕豆、豌豆、荞麦、大麦、元麦、燕麦、高粱、小米、米仁）、鲜山芋、山芋干、花生果、花生仁、芝麻、菜籽、棉籽、葵花籽、蓖麻籽、棕榈籽等。

(8) 牲畜、禽、兽、昆虫、爬虫、两栖动物类及相关产品：牛皮、猪皮、羊皮等动物的生皮；牲畜、禽、兽毛，是指未经加工整理的动物毛和羽毛；活禽、活畜、活虫、两栖动物，如生猪、菜牛、菜羊、牛蛙等；光禽和鲜蛋，其中光禽是指农业生产者利用自身养殖的活禽宰杀、褪毛后未经分割的禽类产品；动物自身或附属产生的产品，如蚕茧、燕窝、鹿茸、牛黄、蜂乳、麝香、蛇毒、鲜奶等；除上述动物以外的其他陆生动物。

(9) 水产品：淡水产品，是淡水产动物和植物的统称；海水产品，是海水产动物和植物的统称；滩涂养殖产品，是指利用滩涂养殖的各类动物和植物；水产品类，包括农业生产者捕捞收获后连续进行简单冷冻、腌制和自然干制品。

(10) 林业产品：原木，是指将伐倒的乔木去其枝丫、梢头或削皮后，按照规定的标准锯成的不同长度的木段；原竹，是指将竹砍倒后，削去枝、梢、叶后的竹段；原木、原竹下脚料，指原木、原竹砍伐后的树皮、树根、枝丫、灌木条、梢、叶等；生漆、天然树脂，是漆树的分泌物，包括从野生漆树上收集的大木漆和从种植的漆树上收集的小木漆；天然树脂，是指木本科植物的分泌物，包括松脂、虫胶、阿拉伯胶、古巴胶、黄耆树胶、丹麦胶、天然橡胶等；除上述以外的其他林业副产品。

（11）其他植物：棉花，是指未经加工整理的皮棉、棉短绒、籽棉；麻，是指未经加工整理的生麻、宁麻；柳条、席草、蔺草；等等。

（12）上述第一条至第十一条所列农产品应包括种子、种苗、树苗、竹秧、种畜、种禽、种蛋、水产品的苗或种（秧）、食用菌的菌种、花籽等。

2.2.2 农产品的流通、物流、营销渠道与供应链

农产品的流通是指农产品通过交换的形式实现从农业生产领域到消费领域转移的全过程，包括农产品的收购、运输、储存、销售等环节。其流通模式是指在农产品流通过程中流通主体、流通客体、流通方式、流通机制以特定的组合来完成物流、信息流、商流的传递，实现产品价值，完成农产品生产价值补偿，从而完成农产品生命周期的抽象形式。在整个流通过程中，政府和企业发挥重要作用。政府作用主要表现为政策、法律法规的支持，信息平台以及基础设施的构建等方面。企业则是通过构建多种流通主体，开拓各种组织方式，再加上仓储、包装、配送等多项配套设施组成了交易模式。因此，针对农产品自身特性构建恰当的流通模式具有重要意义。

农产品物流是指农产品从生产者到消费者之间的物理性移动，即以农产品为对象，通过产后加工、包装、储存、运输、配送等环节，最终送达消费者手中的过程。

农产品营销渠道是指农产品从生产者向消费者移动时，取得农产品所有权或帮助转移所有权的所有企业或个人，即农产品从生产者向消费者转移过程中的具体通道或路径。

农产品供应链就是将供应链的理论应用到农产品这一领域，将农产品的源头生产商、加工企业、第三方物流运输企业和超市紧密联系起来。农产品供应链是在食品安全问题频发的背景下产生的，再加上近些年世界各处自然灾害不断发生，对农产品供应链的研究及应用就显得尤为重要。学者伊丽莎白·伍兹（Elizabeth J. Woods，2004）认为，基于农产品的供应链管理是为满足消费者多样化的需求，建立包括农产品的生产、销售、管理、协调的各个环节，进而使得整条供应链上各节点的利益达到最大化。国内学者陈小霖、冯俊文（2006）认为，农产品供应链是指上下游的生产加工运输及库存零售有效连接起来的动态网络组织。目前，在对农产品供应链特征及现状研究的基础上，农产品供应链被分为传统农产品供应链和智能化的农产品供应链。传统农产品供应链是指分散的农户将自己生产的零散的、数量有限的农产品卖给流动的小商

贩的全部过程。智能化农产品供应链是指实现从农产品的生产到流通到消费者的“农超对接”的整个过程。一般情况下，实现智能化的现代农产品供应链管理过程表现为：生产和加工者先对初次的产品进行筛选、初加工，然后将半成品运送到深加工的食品加工企业，当完成农产品的深加工后，再将成品通过本公司配置的车队或第三方物流企业运输到零售超市，最后消费者购买到成品食品，同时产生的货物的销售量等相关信息会被收集。

为了更好地把握和理解农产品流通的本质、解决农产品流通过程中的核心问题，本书基于系统观从供应链的角度定义农产品流通的概念，认为农产品的流通是以不断商业交换的方式将农产品的生产、收购、运输、储存、商品化处理（分级与包装）、配送、分销、信息处理、市场反馈等功能有机结合以优化管理来满足消费者需求并实现价值增值的过程。

图2-1显示的是农产品流通、农产品物流、农产品营销渠道、农产品供应链四个相近概念的辨析示意。农产品流通的核心是从生产者到消费者之间的商业活动，其背后是农产品所有权及资本的流动，所有权与资本的流动是双向的。农产品物流的重点是物品从被收购开始到被销售给终端客户的流动过程。农产品营销渠道的重点是流通过程中的组织节点及其交易过程。农产品的供应链是生产资料由供应商—生产者—中间商—消费者的供应、生产、流通和销售的系统化过程，包括各节点、各流动所构成的系统。①

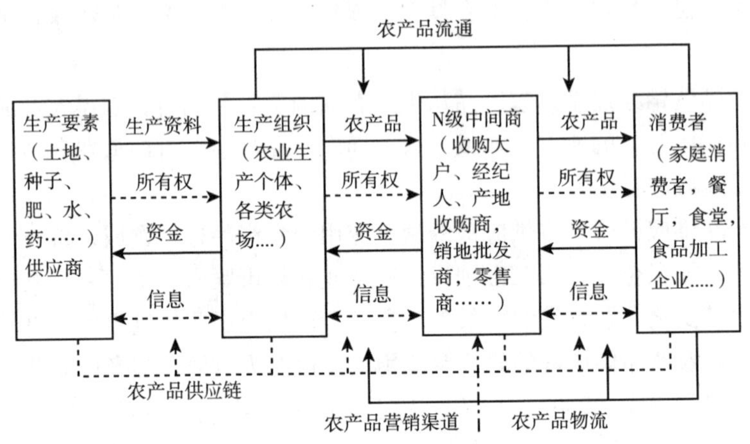

图2-1 相近概念辨别示意

注：⟶表示物流、--→表示商流、⟵表示资金流、⟷表示信息流。

① 王成敏，李美羽．基于“互联网+”的鲜活农产品流通模式创新研究［M］．北京：中国财政经济出版社，2020：21.

2.3　相关的理论基础

2.3.1　交易费用理论

交易费用理论是整个现代产权理论大厦的基础。1937 年，著名经济学家罗纳德·科斯（Ronald Coase）在《企业的性质》一文中首次提出“交易费用”的思想。他认为，市场价格运行中存在交易费用，交易费用是市场运行成本，这样的市场运行成本至少包括两个方面的内容：一是信息成本，指市场上的交易双方为完成交易而搜寻目标对象和交易价格所付出的一切代价；二是谈判成本，指市场上的交易双方为最终完成交易而进行谈判、协商所付出的一切成本。在科斯之后，许多制度经济学家进一步对交易费用的含义、决定因素和性质等进行了研究，交易费用理论逐步完善。1969 年阿罗（Arrow）第一个使用“交易费用”这个术语，提出了一个更广泛的交易成本的范畴，他认为交易成本是妨碍和阻止市场形成的制度成本，并将交易成本的理论延伸到了制度的范畴。此后，在科斯和阿罗交易理论的基础上，威廉姆森（Williamson，1995）系统研究了交易费用理论。该理论认为，企业和市场是两种可以相互替代的资源配置机制。由于存在有限理性、机会主义、不确定性与小数目条件，市场交易费用高昂。为节约交易费用，企业作为代替市场的新型交易形式应运而生。交易费用决定了企业的存在，企业采取不同组织方式的最终目的也是为了节约交易费用。同时，他认为，不同的体制组织、不同的契约关系会导致不同的交易费用，市场体制组织不合理会导致交易费用增加，从而增加市场失效的风险。他还认为，交易费用就是利用经济制度的成本，也就是为了维持一定的经济系统运作而付出的一切代价和费用，主要包括事前的交易费用和事后的交易费用。事前的交易费用包括搜寻成本、信息成本、议价成本、监督成本，事后的交易费用主要包括违约成本。张五常（2000）进一步扩展了交易费用的范围，他认为，交易费用不仅包括威廉姆森所界定的事前的交易费用和事后的交易费用，还一定存在于产权界定的经济组织中，包括产权界定和独立的费用、契约约束产生的费用、监督和组织的费用，换言之，交易费用包含了一项商业活动的全部费用。

科斯认为，市场和企业都是两种不同的组织劳动分工的方式（即两种不同的“交易”方式）。企业产生的原因是企业组织劳动分工的交易费用低于市场组织劳动分工的费用。一方面，企业作为一种交易形式，可以把若干个生产要素的所有者和产品的所有者组成一个单位参加市场交易，减少交易者的数目和交易中的摩擦，从而降低交易成本；另一方面，在企业之内，市场交易被取消，伴随着市场交易的复杂结构被企业家所替代，企业家指挥生产，因此，企业替代了市场。由此可见，无论是企业内部交易，还是市场交易，都存在着不同的交易费用，而企业替代市场，是因为通过企业交易而形成的交易费用比通过市场交易而形成的交易费用低。所谓交易费用是指企业用于寻找交易对象、订立合同、执行交易、洽谈交易、监督交易等方面的费用与支出，主要由搜索成本、谈判成本、签约成本与监督成本构成。企业运用收购、兼并、重组等资本运营方式，可以将市场内部化，消除市场不确定性所带来的风险，从而降低交易费用。

2.3.2　马克思流通理论

马克思流通理论作为研究流通的基本理论，是政治经济学的核心内容。流通处于社会经济活动中，与生产、交换、消费三要素相互影响并构成再生产过程，对市场运行与经济发展起重要作用。每个商品的形态变化系列所形成的循环，同其他商品的循环不可分割地交错在一起。这全部过程就表现为商品流通。商品流通必须是以货币为媒介的商品交换。马克思指出，商品流通是以货币的存在为前提的。① 随着社会分工的深化，“其他一切商品的社会的行动使一个特定的商品分离出来，通过这个商品来全面表现它们的价值……这个商品就成为货币”。② 由货币作为一般等价物，“买”“卖”得以分离开来，从而突破了物物交换在时间、空间、数量比例和个人等方面的严格限制。这说明，商品流通区别于自然分工条件下的个别的、偶然的、初始的产品交换，是一种以社会分工和商品生产为前提的，普遍的、经常的、社会化的经济过程。③ 商品流通是从总体上看的交换，是商品交换过程“连续进行的……整体”④。在商品流通中，一切商品都经历着由两个相互对立、互为补充的形态变化组成的循环：一是商品形式转化为货币形式（W－G）；二是货币形式复归为商品形式（G－W）。从整个商品世界来看，不仅一种商品的形态变化和别种商品的形态变化交织在一起，而且一个人的买（或卖）和另一个人的卖（或买）联系在

① 马克思恩格斯全集（第三十六卷）［M］．北京：人民出版社，1974：195.

② 马克思恩格斯文集（第五卷）［M］．北京：人民出版社，2009：105－106.

③ 纪宝成，谢莉娟，王晓东．马克思商品流通理论若干基本问题的再认识［J］．中国人民大学学报，2017（6）：60－70.

④ 马克思恩格斯全集（第三十一卷）［M］．北京：人民出版社，1998：445.

一起，交换当事人的购买和销售的连锁行为永无止境，越来越紧密地联系起来，流通过程就表现为在无数地点不断进行、不断结束又不断重复开始的循环运动所形成的“无限错综的一团锁链”①。这说明，商品流通虽然与经济主体的购销行为或消费者个人的购买行为密切相关，但它与这些作为微观基础的交换行为却有着本质上的不同，正如马克思所阐释的那样，“每个商品的形态变化系列所形成的循环，同其他商品的循环不可分割地交错在一起。这全部过程就表现为商品流通。”② 而且商品流通是一系列无休止的社会性交换行为，而“直接的产品交换”则是一种偶然的个别的交换行为，不是商品流通。马克思还指出，商品流通是资本的起点。商品生产和发达的商品流通，即贸易，是资本产生的历史前提。③ 流通在商品的逐层交换中不断深化。马克思将流通划分为广义流通和狭义流通。广义流通指生产与流通的统一，生产环节形成的商品价值与使用价值最终借助流通过程实现，涉及的经济活动较广。狭义流通单纯指产品从供应商到需求商的转移过程。商品流通过程初始是简单的商品运动，即 W－G－W。随着社会的发展，经济活动不再是简单满足日常需求，时间货币也随之出现，商品流通又表现为 G－W－G’，中间的价差促进资本的形成。④

2.3.3　劳动分工理论

劳动分工理论作为研究经济学的重要理论，是指人类在社会活动中的独立化与专门化，属于生产力范畴，最早出现在 1776 年出版的《国富论》中。亚当·斯密在该书中指出，分工可以提高劳动生产率，增进国民财富。斯密认为，劳动生产力上最大的增进，以及运用劳动时所表现的更大的熟练、技巧和判断力，似乎都是分工的结果。美国经济学家阿林·杨格（Allyn Abbott Young）1928 年发表的演说《报酬递增与经济进步》是对斯密关于分工思想的第一次复活，并在斯密理论的基础上做出了重大发展。他认为，分工带来的生产效率的提高是市场规模扩大的结果，市场规模扩大深化了分工。杨小凯（2005）从内生角度解释了分工产生的原因，推出分工是自然演化过程，会产生交易费用，在初期经济缓慢上升，发展到某一节点会大幅增长。马克思的分工理论解

---

① 马克思恩格斯全集（第三十一卷）[M]．北京：人民出版社，1998：488.

② 马克思恩格斯文集（第五卷）[M]．北京：人民出版社，2009：133－134.

③ 卡尔·马克思．资本论 [M]．郭大力，王亚楠，译．上海：上海三联书店，2009（2）：89－110.

④ 陈红．“互联网＋”背景下鲜活农产品流通模式研究 [D]．石家庄：河北经贸大学，2018：8－9.

释了分工的来源，即从产品交换逐渐转化为商品交易，产生了经济利益，就会形成深层次分工。①

2.3.4 网络组织理论

网络组织理论是西方经济学中的一个新领域，形成于20世纪80年代并被快速推广。推动网络组织理论发展的原因有两方面：一是信息技术迅猛发展并与市场经济快速融合，促进企业间交流、合作与竞争；二是企业走专业化经营道路来降低市场风险。该理论将网络组织看作解决创新事项的制度安排，通过建立不同程度的沟通枢纽来实现各成员间的整体发展。与市场组织相比，网络组织间成员关系更加稳定，且交易灵活，是发展流通经济的高效形式。网络组织理论强调了市场与企业不是相对立的关系，而是相互依存、相互衔接的合作联盟，两者间紧密联系，有利于主体多样化的制度安排。威廉姆森（Williamson，1985）在研究企业性质时提出的“中间性组织”是企业网络组织的雏形，他用交易的资产专用性、不确定性和交易频率三个变量来分析组织的治理机制。他认为，当这三个因素水平较低时，市场是合适的组织形式；相反，当三个因素较高时，企业组织形式更具治理优势；而当三个因素适中时，中间性组织是最佳的协调形式。

近些年，林润辉、李维安（2000），孙国强、王博钊（2005），孙国强（2011），景秀艳（2012），王琴（2012）对网络组织、网络治理等课题也进行了较为深入和系统的研究，他们认为网络治理是公司治理在治理边界上的延伸和拓展，他们对网络组织和网络治理相关的内涵及其特点等都做了较为深入的探讨。网络组织是适应新的经济环境而逐步兴起的组织形式，包括跨国企业集团、虚拟企业、战略联盟、企业集群等网络形态，为了应对组织形式的变革，网络治理成为维护网络秩序的一种重要手段。网络治理是正式或非正式的组织和个体通过经济合约的联结与社会关系的嵌入所构成的以企业间的制度安排为核心的参与者（个体、团体或群体）间的关系安排。网络治理强调以社会关系嵌入为基础的非正式制度的治理效用，重视网络成员在网络中的互动、信任、合作等特点，以网络组织整体价值最大化为目标。在经济新常态的背景下，企业之间的竞争更是企业网络之间的竞争，企业组织需要主动构造网络化组织以获取更多资源，维护网络利益关系，建立以价值创造为导向的新型网络

---

① 陈红．“互联网+”背景下鲜活农产品流通模式研究［D］．石家庄：河北经贸大学，2018：8-9.

治理观念，不断提高网络组织整体竞争力。

2.3.5　信息不对称理论

在信息经济学的理论领域，詹姆斯·莫里斯（James A. Mirrlees，1997）提出了信息不对称条件下的经济激励理论，并由此创建了委托代理模型的基本框架。随着后期学者的完善，本特·霍姆斯特姆（Bengt Holmstrom，1981）提出了莫里斯—霍姆斯特姆模型，认为在信息不对称的情况下，能观察到经济主体活动的结果，却很难掌握活动的真实过程。威廉姆·维克瑞等（William Vickrey et al.，1997）对信息不对称理论的研究也获得了经济学界的重视，极大地推动了信息经济学的发展。乔治·A. 阿克洛夫（2013）通过市场交易者效用函数的构建和说明，提炼了一个普遍的信息不对称的现象，实际可应用范围广阔，受到了理论界的认可，另外也首次提出了逆向选择（adverse selection）这一概念。乔治·A. 阿克尔洛夫指出，交易双方信息掌握程度不同可能会导致市场崩溃，或市场发生萎缩，劣质产品驱逐优质产品。约瑟夫·斯蒂格利茨（Joseph Stiglitz，1997）则贡献了促使经济学家研究市场运作的方式发生改变的信息不对称理论研究。上述学者的研究构成了信息经济学关于信息不对称理论的核心。

农产品流通信息不对称主要是指在某一时刻或在某一有限的时间段内，两个或两个以上的流通主体对于某一特定发生的交易活动所知道的信息数量和质量与真实的情况存在较大程度的差异。一般来说，在进行商品交易的过程中，买家由于掌握较多的信息而拥有信息方面的优势。但与此相反的是，二手物品的卖家掌握的信息远远超过买家的信息，容易产生逆向选择的经济行为。同理，在农产品流通领域，靠近生产端的农产品流通主体所掌握的信息量超过农产品的消费者。农产品流通的信息博弈对象包含了流通主体的道德水平、个人素质、业务水平等要素。农产品各个流通主体掌握的信息，无论是在信息数量还是在信息质量上都是有区别的。因此，在农产品流通市场上，信息不对称体现在利用逆向选择与道德风险这两类形式对农产品流通市场的流通主体施以巨大干扰，从而农产品流通市场主体产生干扰市场效率的行为。因此，上一级流通主体与下一级流通主体间存在信息不对称现象主要是因为农产品流通主体与农产品流通市场对接错位，这种信息不对称可能会降低农产品的流通效率，而且在信息不对称状态下农产品流通业发展路径也会受阻。①

---

① 张晓飞．我国农产品流通效率测度及影响因素研究［D］．哈尔滨：东北农业大学，2018：12－13.

2.3.6 供应链

对于供应链的定义，学术界争论较多，不同学者从不同角度对供应链管理进行了研究、论证，但目前还没有统一的定义。供应链（supply chain）的概念是物流和反向信息流连接在一起的原材料供应商、生产工厂、配送服务和顾客。供应链是一个有机的链条，是以生产作为供应链的起点，通过消费者购买来让渡价值，进而实现供应链整体整合的价值。阿卜杜拉曼·里杰布等（Rejeb Abderahman et al.，2020）认为，供应链是将生产商、第三方物流企业、批发商、零售商集在一起的一个利益共享链条，同时整合了资金流和信息流，实现链条上的个体之间的优势互补及利益共享。学者克里斯托弗（Christopher，2003）认为，供应链是一个联系上游企业和下游企业的组织网络，不同的利益主体通过相互协调建立长期合作关系，形成一个利益共同体，实现供应链在各环节的价值提升，实现整体利益最大化。国内对供应链管理的研究也是基于不同视角，马士华等（2016）认为，供应链是实现产品从原材料或半成品经过初次加工、深加工并通过物流运输让成品到达零售店或批发商场，最后到达消费者的一个网络过程；同时，他认为有效整合资金流、信息流可使供应链的整体效益实现最大化，进而实现链条上个体成员利益的最大化。蓝伯雄等（2000）认为，供应链本质上是一个价值增值链，通过协调整合生产商、物流企业、零售店等的比较优势来实现。

本书把供应链定义为以核心企业为支点运转的链条，该链条利用信息流、物流、资金流，将供应商、制造商、分销商、零售商有机联系起来，形成一个有机的网络结构，将各环节上的利益主体联系起来，通过上下游企业的协调和配合，实现效益最大化。供应链不光是一个物料链，而且是一个信息链，更是一个增值链，因此，上下游企业的有效配合可以实现价值增值效应。

2.3.7 多种理论在本书中的应用

农产品出现买难卖难问题的关键在于信息流通不畅、生产端农户不了解市场需求、消费终端不了解生产成本、各流通环节层层加价以及利润均消散在流通渠道中。本书以马克思流通理论为依据来分析怎样减少交易环节、共享需求信息、发展新型流通模式，提出降低费用是解决流通问题的关键。

农产品流通由商品交换引发，交换中高获利性的驱动催生出大批流通主体，流通模式顺次更新，分工不断细化。本书运用分工理论解释传统流通模式中多环节流通的弊端以及介绍网络经济下新型模式中的参与主体与运营模式。

农产品借助互联网这一新工具加快了流通主体间的交流与合作，实现信息共享，资源配置不断优化，竞争速度迅速提升。网络组织理论的应用使市场与流通企业间形成相互渗透、相互衔接的复杂结构，促使交易制度及模式更加多样，推动企业间向无边界化发展。

本节介绍的几种理论可以应用于农产品流通来分析传统流通模式的痛点，激发互联网时代新型流通模式的产生，再加上现代信息技术的应用，有利于不断优化流通渠道，降低流通损耗及交易成本，实现流通主体创新以及流通模式高效。

第 3 章

传统农产品的流通模式及存在的问题

3.1 传统农产品的流通

传统农产品的流通过程包括物的流动、价值的流动、资金的流动和信息的流动，而时间和流通环境构成了农产品流通的核心要素。

（1）物的流动。生产介质（土地、水面、牧场、养殖场等）、技术、标准、种子、生产物质、劳动力等构成农产品生产要素市场的供应物，这些供应物通过千家万户生产者的生产过程得到初级的农产品，然后通过生产者，或是中间的若干中间商商品化的处理和配送，最终送达到消费者手中。

（2）价值的流动。价值的流动也指物在空间位移的过程中伴随着所有权的转移。物的流动同时也伴随着价值的流动和价值的增值，价值的增值既是利润的来源，也是供应链上各成员相互合作的基础。

（3）资金的流动。资金的流动是物在流动过程中伴随着所有权的转移发生的，各节点处物与资金的流动共同构成了营销意义上的交换，即通过支付等价货款，通过价值的"对等"交换实现各个节点上的利润。

（4）信息的流动。信息流动是双向的，正向的信息流动是指信息沿着"供应商—生产商—批发商—零售商—终端客户"的链条来传递和共享，是创造物的价值的必要手段。信息流动的时间构成了整个供应链的响应时间，信息流动时间越短，响应时间越短，供应链的效率越高，对客户的需求能够及时响应，越能够提高客户满意度和供应链的市场竞争力。同时，信息流动还包含另一层含义——信息的共享。若供应链的参与主体相互之间的信息共享程度较高，就会减少供应链上不协调现象的产生，就会有效减少牛鞭效应、曲棍球棒效应和双重边际效应的产生，有利于减少不必要的资源浪费，同时提高了供应链的响应能力。信息的逆向流动是指信息沿着供应链逆流而上，将消费者的需求信息和反馈信息逐层进行逆向传递。信息的双向流动是流通渠道各个节点信息的互动，最终通过提升顾客满意度来塑造持久的利润。

（5）时间和环境构成农产品流通效率的核心要素。这也是农产品区别于其他商品的独特因素，这是由农产品本身的特征和消费者的需求特点所决定的。其中环境包括三方面：温度、湿度、平稳性。各个节点的环境与时间既决定了农产品流通的水平，也影响了顾客满意度。特别是鲜活农产品，其难保存的特征使全程冷链成为一种必然趋势，但是由于流通成本较高，加上基础设施、低碳环保等因素，鲜活农产品的全程冷链流通还处于小众状态。

3.2　传统农产品的流通模式

根据农产品供应链的长度，本书将传统的农产品流通模式分为七种类型：农户自营模式、以批发市场为核心的流通模式、以农业合作社为中心的流通模式、以龙头企业为核心的流通模式、以农贸市场为核心的流通模式、以连锁超市为核心的流通模式以及其他流通模式。

3.2.1　农户自营模式

农户自营模式是指农户作为农产品的生产方和供给方直接与需求方进行交易，没有任何中间商参与的流通模式。这种流通模式主要存在于交通不便、经济发展较落后的地区。农户通过农贸市场、购货方直接上门收购的方式来销售自产的农产品，市场销售面较窄，农户掌握的信息较少，市场辐射半径较小，而且产销双方多是一次性交易，因此鲜活农产品的质量无法有效追溯。

农户自营模式如图3－1所示，表现为供给方与需求方直接交易、没有任何中间商参与的流通方式。生产者通过集贸市场、社区门口等可直接接触消费者的场所来销售自产农产品，这种模式中产销双方多是一次交易，彼此间没有固定交易关系。在鲜活农产品的这种产销双方见面交易模式中，生产者自身资源、信息有限，市场销售面较窄，辐射范围短，农户自身无法掌握市场中的需求信息，鲜活农产品供求失去平衡。目前，该模式主要存在于经济落后的地区及乡村市场，市场占有率较小。

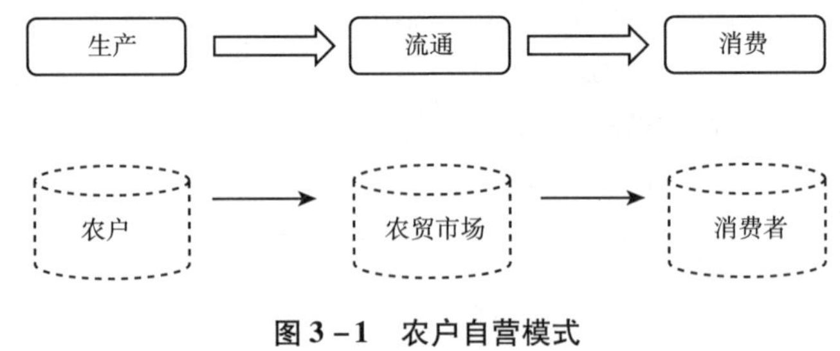

图3-1　农户自营模式

3.2.2　以批发市场为核心的流通模式

产地批发市场作为连接生产者和分销渠道的重要纽带，将农户的鲜活农产品通过批发市场进行整合，实现了跨区域的鲜活农产品交易，是我国鲜活农产品的主要流通模式。产地批发商连接的生产者大多是分散的农户，销售主体繁多，因此鲜活农产品质量参差不齐，交易成本较高，鲜活农产品的质量无法有效控制。①

生产者将自产生鲜农产品通过批发市场进行整合销售的模式，是我国鲜活农产品的主要流通模式，该模式实现了鲜活农产品的跨区域交易。批发市场作为商品流通的重要场所，同时是分销渠道的枢纽环节，这种模式中交易双方关系也不是很稳定，主要表现为鲜活农产品生产的季节性、周期性，当季交易结束后，再次交易会需要很长的时间。另外，大量的同质农产品上市，竞争加剧，批发商也会不断变换交易对象。批发市场主导的流通模式中参与主体数量多，但规模大小参差不齐，无形中加剧了流通的难度，交易成本处于较高水平。另外，生产者与批发商间存在利益冲突，导致生产者难以掌握市场价格信息与产品供求信息，冗长的流通渠道加大了产品的流通成本。同时，流通效率逐渐下降，生产者面临较大的经营风险。

根据中间商数量和类型的不同，该模式可以分为五类具体的模式。

第一类：生产要素供应商—生产者—销地批发市场—零售市场—消费者。

第二类：生产要素供应商—生产者—产地批发市场—零售市场—消费者。

第三类：生产要素供应商—生产者—产地批发市场—销地批发市场—零售市场—消费者。

第四类：生产要素供应商—生产者—集散地批发市场—销地批发市场—零售市场—消费者。

① 于文玲．“互联网+”背景下农产品供应链发展研究［J］．物流工程与管理，2017（3）．

第五类：生产要素供应商—生产者—配送中心—零售市场—消费者。

这种以批发市场为核心的流通模式（见图3-2）把批发市场作为核心企业和连接生产要素供应商、生产者、批发商、零售商及最终客户的纽带。当前西部地区的很多农产品批发市场运营通过不断拓展服务功能来进一步强化这种流通模式的科学性和合理性。这些功能包括批发交易、仓储保管、冷藏冷冻、流通加工、分货拣选、包装、配送等，以及对上述功能的协调整合，建立综合的现代农产品流通服务体系。这种流通模式通过整合以批发市场为核心的农产品供应链，建立利益共享、风险共担的运行机制，以提高农产品的流通效率。

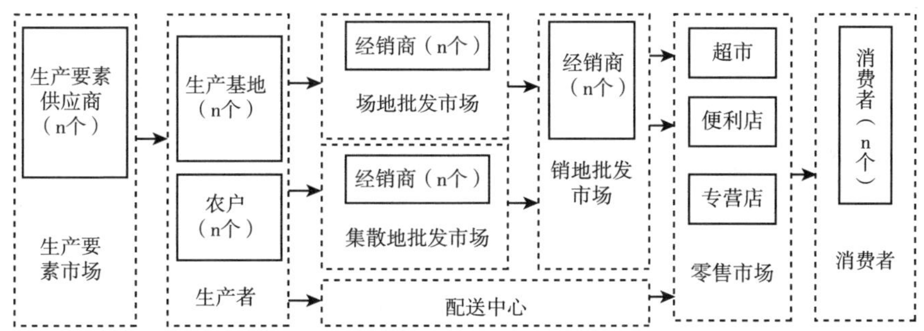

图3-2　以批发市场为核心的流通模式

注：⟶表示农产品的物流、价值流动、资金流动、信息流。

这种流通模式具有容纳性强、规模大、对商品的消化能力强等优点，但也存在着信息传递滞后、流通环节过多、农产品保鲜难、中间成本居高不下、农产品生产者薄利而销售环节价格过高、消费者满意度较低等缺陷。

3.2.3　以专业合作社为主的流通模式

小生产与大市场的矛盾为农民专业合作社的出现奠定了基础，合作社的出现对带动农村经济、发展绿色乡村具有重要价值。在农产品流通链条中，专业合作社将小规模生产者组织起来建立合约，集体收购农产品，并联系批发商等主体进行对外销售，这种非营利组织的介入提高了鲜活农产品生产者的交易地位，农户在交易中有了话语权，经济利益逐步提高。专业合作社通过与批发市场衔接，彼此确定稳定的供求协议并按需生产，开展农产品组织化交易活动。在与批发商合作过程中，农民合作社话语权及谈判能力远高于单个生产者，这一主体的出现能为生产者争取更多的权益。① 以专业合作社为主的流通模式如图 3－3 所示。

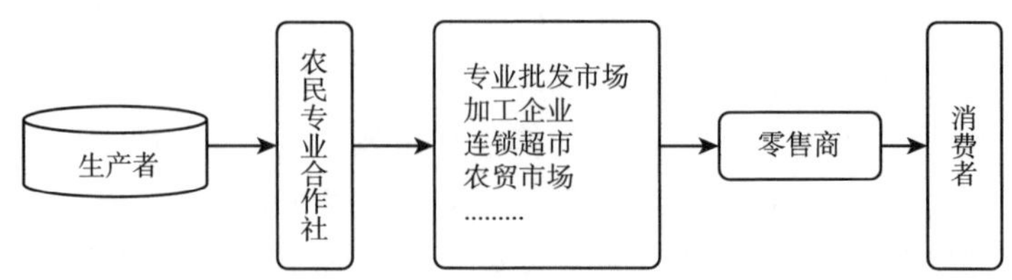

图 3－3 以专业合作社为主的流通模式

注：⟶表示农产品的物流、价值流动、资金流动、信息流。

3.2.4 以龙头企业为主的流通模式

以龙头企业为主的流通模式是将产品先行出售给龙头企业进行初步加工、保鲜等实现产品增值，随后由龙头企业进行市场销售。这种通过与龙头企业签订契约、合同等来完成交易活动的方式，属于约定型流通模式，后来称之为“订单农业”。通过签订协议，生产者与龙头企业在清楚自己的权利与义务的原则下实现利益共享、风险共担，农产品通过这种产业化形式来完成流通。在发挥龙头企业重要作用的同时，生产者也能参与到流通中来，降低了生产者的市场风险及龙头企业的交易成本，但这种模式也存在契约执行力不足、监督成本高等问题。

3.2.5 以农贸市场为核心的流通模式

图 3－4 体现的是传统的以农贸市场为核心的农产品流通模式，这是当前农产品流通中仅次于以批发市场为核心的主流农产品流通模式。农贸市场是指用于销售包括农产品及其他的食品，并以零售经营为主的固定场所。不同于批发市场的是农贸市场以零售为主。

根据中间商的数量与类型不同，该模式可以分为三种具体的流通模式。

第一类：生产要素供应商—生产者—产地农贸市场—消费者。

第二类：生产要素供应商—生产者—企业—销地农贸市场—消费者。

第三类：生产要素供应商—生产者—农业合作社—销地农贸市场—消费者。

---

① 陈小霖，冯俊文．农产品供应链风险管理［J］．生产力研究，2006（5）．

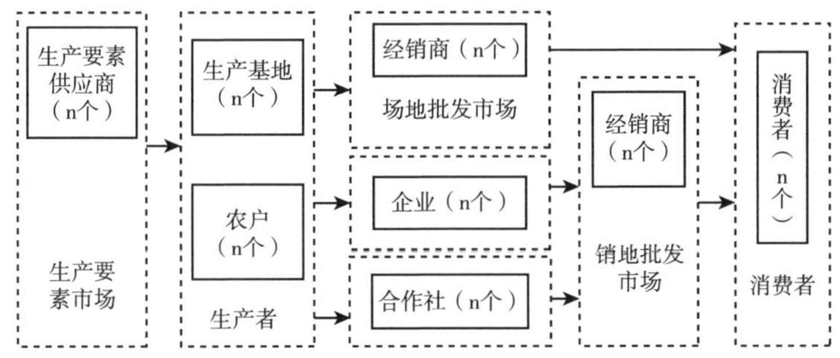

图3-4　以农贸市场为核心的流通模式

注：⟶表示农产品的物流、价值流动、资金流动、信息流。

这种以农贸市场为核心的流通模式是最传统的农产品流通模式，在农产品流通模式的发展过程中曾发挥着重要的作用。随着人们生活方式和生活习惯的变化，这种方式将逐渐淡出历史舞台，面临着流程的升级和转型。

这种农产品流通模式具有容纳性强、规模适中、方便消费者等优势，但同样存在着流通环节过多、中间流通成本太高、保鲜难度较大、食品质量安全难以保障、生产环节薄利而零售环节价格过高等缺陷。

3.2.6　以连锁超市为核心的流通模式

以连锁超市为核心的流通模式（见图3-5）即“农超对接”模式，是指超市凭借自身在市场管理、市场信息等方面的优势，全过程参与到农产品生产、加工、流通中，同时为农户提供信息咨询、物流配送、产品销售、技术支

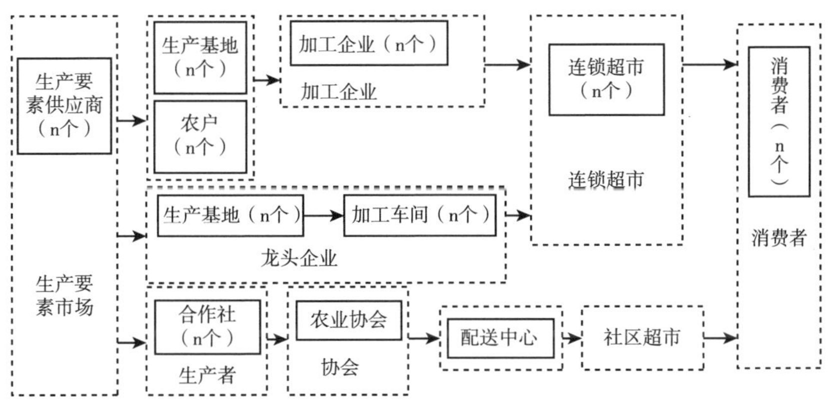

图3-5　连锁超市为核心的流通模式

注：⟶表示农产品的物流、价值流动、资金流动、信息流。

持等多方面服务，将小农户与大市场有效连接起来，成为农户与消费者之间的联系纽带，充分发挥流通带动生产的作用，促进农民增收。在甘肃省，农超对接模式主要有“生产者—农业基地—超市”“生产者—龙头企业—超市”。以北京华联为例，为保证生鲜农产品的新鲜、美味、健康，北京华联兰州分公司建立生鲜商品基地及生鲜加工配送中心，通过与农产品龙头企业、农产品基地开发合作，确保餐桌上的食品安全。

根据中间商的数量与类型不同，该模式可以分为三种具体的流通模式。

第一类：生产要素供应商—生产者—加工企业—连锁超市—消费者。

第二类：生产要素供应商—龙头企业（生产、加工一体化）—连锁超市—消费者。

第三类：生产要素供应商—生产者—农业协会—配送中心—社区超市—消费者。

另外，图 3－6 还体现了一类特殊的以连锁超市为核心的渠道模式类型——“连锁超市直采”模式。这种流通模式的优势是可以直接或间接地通过农产品的生产基地集中采购，中间环节相对较少，农产品的新鲜度和质量安全能够得到有效保障。但是这种模式也存在如下缺陷：缺乏高水平，很可能导致上游环节的运作不畅。①

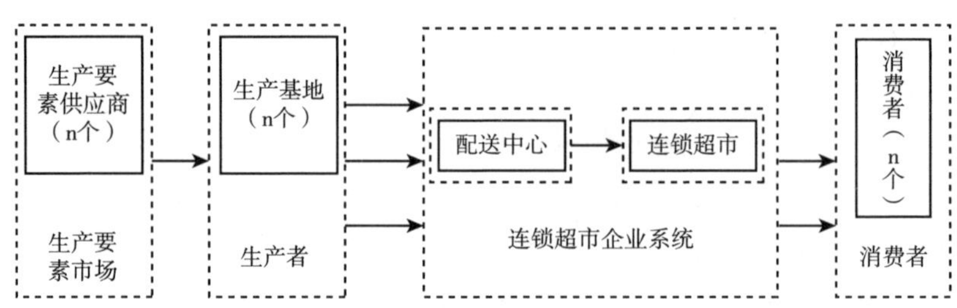

图 3－6　农产品流通“超市直采”流通模式

注：⟶表示农产品的物流、价值流动、资金流动、信息流。

3.2.7　其他农产品的流通模式

除了以上主流农产品的流通模式外，还存在“农餐对接”“采摘体验”“农产品电子商务”等小众流通模式。

---

① Elizabeth J. Woods，C. Supply-chain Management：Understanding the Concept and its Implications in Developing Countries［J］. Australian Centre for International Agricultural Research，2004（5）.

图 3－7 体现的是“农餐对接”的流通模式，这种渠道模式是这几年兴起的流通模式，即以“配送中心”为节点，以服务学校餐厅、酒店等为目的的流通模式。这种模式具有鲜明的顾客导向，通过定制化服务和集成化运营，尽可能缩减流通渠道，具有一定的发展潜力。该种模式在“十三五”期间的精准扶贫工作中彰显了一定优势。

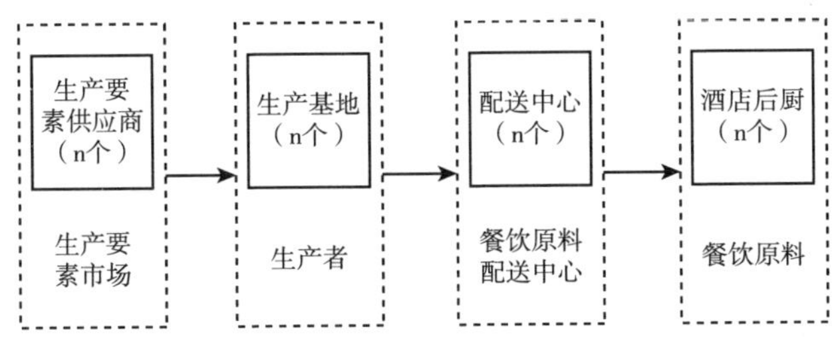

图 3－7　农产品流通的“农餐对接”逻辑模式

注：⟶表示农产品的物流、价值流动、资金流动、信息流。

图 3－8 体现的是农业与旅游业跨界融合发展的一种重要的流通模式，虽不及主流模式普遍，但是该模式更多地带动了城市居民的广泛参与，在体验采摘乐趣之外还融入了更多的农事体验及创意性活动。伴随着人们生活水平的提升及消费观念的不断改变，这种模式将成为乡村旅游的重要组成内容，释放无限活力。

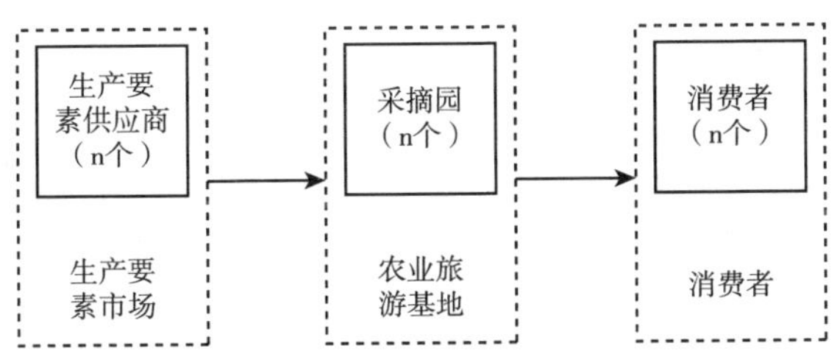

图 3－8　农产品流通的“采摘体验”逻辑模式

注：⟶表示农产品的物流、价值流动、资金流动、信息流。

图 3－9 体现的是农产品电子商务的流通模式，这是随着电子商务的兴起而出现的，其包括三大类：经销商通过电商平台进行流通，生产者通过电商平台进行流通，垂直电商“生产基地—加工车间—电商平台”一体化运营。这种模式通过链条的优化升级和整合，将会成为农产品流通模式的主流，但是仍面临着流通成本较高、全程冷链较困难的问题。

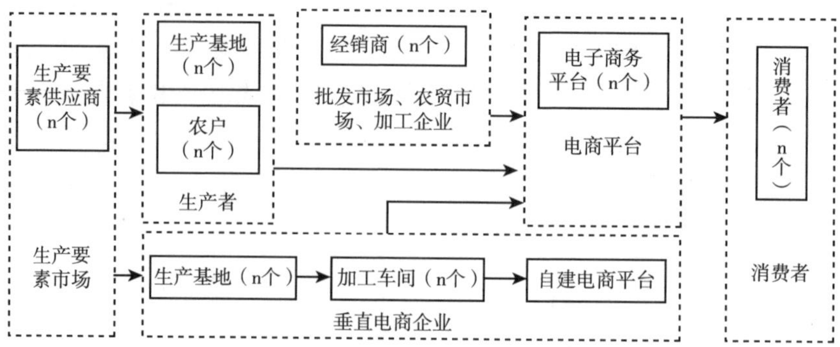

图3-9 农产品流通的电子商务模式逻辑模式

注：⟶表示农产品的物流、价值流动、资金流动、信息流。

3.3 农产品流通的现状分析

为了建立高效的农产品流通体系，对现有农产品流通现状进行分析已成为必须。本章依据PEST模型对农产品流通的外部环境进行深入分析，并对农产品流通的行业发展现状及产业链进行阐释，提出农产品流通中存在的问题，为下一章研究“互联网+”背景下农产品流通模式的构建奠定基础。

3.3.1 我国农产品流通的外部环境分析

3.3.1.1 政策引导和大力扶持农产品行业的发展

《中华人民共和国国民经济和社会发展第十三个五年规划纲要》指出，要增强农产品的安全保障能力，构建现代农业经营体系，提高农业技术装备和信息化水平，加强农产品流通设施和市场建设，鼓励发展农村电商。农业农村部印发《关于加快农产品仓储保鲜冷链设施建设的实施意见》。《全国农业现代化规划（2016-2010年）》中提出，要完善农产品的市场流通体系，在优势产区建设一批国家级、区域级产地批发市场和田头市场，推动公益性农产品市场建设，实施农产品产区预冷工程，建设农产品产地运输通道、冷链物流配送中心和配送站，打造农产品营销公共服务平台，推广农社、农企等形式的产销对接，支持城市社区设立鲜活农产品直销网点，推进商贸流通、供销、邮政等系统物流服务网络和设施为农服务。《国家质量兴农战略规划（2018—2022年）》

指出，要促进农业全产业链融合，并从深入推进产加销一体化、强化产地市场体系建设、加快建设冷链仓储物流设施、创新农产品流通方式、培育新产业新业态等方面提出具体对策。特别是新冠肺炎疫情发生以来，农产品的流通日益受到国家的重视。2020 年初，中共中央、国务院发布《关于抓好“三农”领域重点工作确保如期实现全面小康的意见》，启动农产品仓储保鲜冷链物流设施建设工程，加强农产品冷链物流统筹规划、分级布局和标准制定，安排中央预算内投资，支持建设一批骨干冷链物流基地。2020 年 4 月 16 日，农业农村部印发《关于加快农产品仓储保鲜冷链设施建设的实施意见》，重点在河北、山西、辽宁、山东、湖北、湖南、广西、海南、四川、重庆、贵州、云南、陕西、甘肃、宁夏、新疆 16 个省（区、市）聚焦鲜活农产品主产区、特色农产品优势区和贫困地区，选择产业重点县（市），主要围绕水果、蔬菜等鲜活农产品开展仓储保鲜冷链设施建设；鼓励贫困地区利用扶贫专项资金，整合涉农资金以加大专项支持力度，提升扶贫产业发展水平，有条件的地方发行农产品仓储保鲜冷链物流设施建设专项债，实施区域向“三区三州”等深度贫困地区倾斜；鼓励其他地区因地制宜地支持开展仓储保鲜冷链设施建设。这些政策的规划和建议对推动农产品流通模式的升级和体系建设起到了极大的推动作用。

3.3.1.2　稳中有升的经济发展态势为农产品行业发展提供了良好的发展基础

《2019 年国民经济和社会发展统计公报》显示，全年国内生产总值①990 865亿元，比上年增长 6.1%。其中，第一产业增加值 70 467 亿元，增长 3.1%；第二产业增加值 386 165 亿元，增长 5.7%；第三产业增加值 534 233 亿元，增长 6.9%。第一产业增加值占国内生产总值比重为 7.1%，第二产业增加值比重为 39.0%，第三产业增加值比重为 53.9%。全年最终消费支出对国内生产总值增长的贡献率为 57.8%，资本形成总额的贡献率为 31.2%，货物和服务净出口的贡献率为 11.0%。人均国内生产总值 70 892 元，比上年增长 5.7%。国民总收入 988 458 亿元②，比上年增长 6.2%。全国万元国内生产

① 国内生产总值、三次产业及相关行业增加值、地区生产总值、人均国内生产总值和国民总收入绝对数按现价计算，增长速度按不变价格计算。根据第四次全国经济普查结果，统计公报对国内生产总值、三次产业及相关行业增加值等相关指标的历史数据进行了修订。

② 国民总收入，原称国民生产总值，是指一个国家或地区所有常住单位在一定时期内所获得的初次分配收入总额，等于国内生产总值加上来自国外的初次分配收入净额。

总值能耗①比上年下降2.6%。全员劳动生产率②为115 009元/人，比上年提高6.2%。如图3-10所示，我国综合国力迈向新台阶，发展基础不断巩固，为农产品流通行业的发展提供了有力的经济基础。

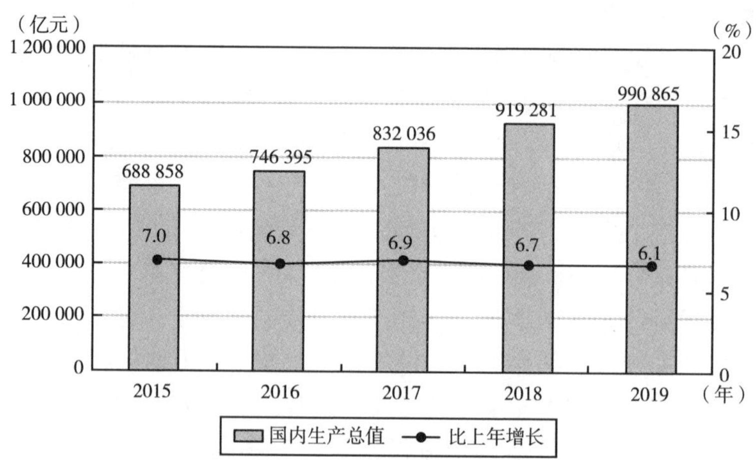

图3-10 2015~2019年国内生产总值及其增长速度

资料来源：《2019年国民经济和社会发展统计公报》。

全年全国居民人均可支配收入30 733元，比上年增长8.9%，扣除价格因素，实际增长5.8%。城镇居民人均可支配收入42 359元，比上年增长7.9%，扣除价格因素，实际增长5.0%。城镇居民人均可支配收入中位数39 244元，增长7.8%。农村居民人均可支配收入16 021元，比上年增长9.6%，扣除价格因素，实际增长6.2%。全年全国居民人均消费支出21 559元，比上年增长8.6%，扣除价格因素，实际增长5.5%。其中，城镇居民人均消费支出28 063元，增长7.5%，扣除价格因素，实际增长4.6%；农村居民人均消费支出13 328元，增长9.9%，扣除价格因素，实际增长6.5%。③

除此之外，我国具有超大规模的市场优势和内需潜力，2019年我国内需对经济增长的贡献率为89%。其中，最终消费支出贡献率为57.8%，④消费是保持经济平稳运行的"压舱石"和"稳定器"，是我国经济增长的第一大动力。在我国人均收入持续提升和居民消费形态不断升级的背景下，我国的内需

① 万元国内生产总值能耗按2015年价格计算，统计公报根据第四次全国经济普查结果对历史数据进行了修订。

② 全员劳动生产率为国内生产总值（按2015年价格计算）与全部就业人员的比率，统计公报根据第四次全国经济普查结果对历史数据进行了修订。

③④ 根据国家统计局发布的《2019年国民经济和社会发展统计公报》整理所得。

潜力巨大且有待充分释放。移动互联网技术的发展，为线上消费提供了良好的平台，使“新零售”成为一种新的发展业态。

3.3.1.3　技术进步将推动农产品流通方式的变革

从目前农产品的流通现状来看，国内很多的高品质、具有地理性标志的高端农产品需求并不乐观，其中一个重要的原因就是农业流通的基础设施薄弱，物流技术落后，农产品营销网络体系不健全。因此，运用大数据技术可以精准分析消费者的需求偏好，对农产品的流通过程进行智能化监控，保证农产品的质量安全。同时，直播、虚拟现实技术（virtual reality，VR）、智能终端能够给农产品的流通带来更多的途径，扩大农产品的市场知名度，促进流通效率的提升。将物联网技术应用到农产品供应链中，可以对农产品的生产、加工、销售、流通等全过程的动态进行监控，实现对农产品的可视化、智能化、数字化的全过程追溯，确保从“地头”到“餐桌”的质量安全。

3.3.1.4　消费者升级为农产品流通的机遇与挑战

居民可支配收入的增加以及数字经济的驱动促进了消费者升级。未来消费者升级将带来四大趋势。一是线上线下一体化。线下体验线上消费将成为一种发展趋势，线上网购和线下实体店逐渐成为一种平衡，从对立走向结合。二是消费过程就是社交过程。特别是一些年轻的消费者，他们追求时尚，也是“社交消费”的带头者。以兴趣为中心成立的社交群是消费升级的重要推动力。三是体验是消费者最关注的消费形式之一。消费者逐步从商品消费转向体验消费。四是共享成为这个时代的主流。消费者升级为农产品的流通带来了挑战，但更多的是机遇。

3.3.1.5　新零售是农产品流通的推动力量

新零售（new retailing），即个人、企业以互联网为依托，通过运用大数据、人工智能等先进技术手段，对商品的生产、流通与销售过程进行升级改造，进而重塑业态结构与生态圈，并对线上服务、线下体验以及现代物流进行深度融合的零售新模式。① 2016 年国务院办公厅印发的《关于推动实体零售创新转型的意见》指出，“建立适应融合发展的标准规范、竞争规则，引导实体零售企业逐步提高信息化水平，将线下物流、服务、体验等优势与线上商流、资金流、信息流融合，拓展智能化、网络化的全渠道布局。鼓励线上线下优势

---

① 朱紫玉. 新零售模式下零售企业的战略转型研究［J］. 北方经贸，2017（8）：32－33.

企业通过战略合作、交叉持股、并购重组等多种形式整合市场资源，培育线上线下融合发展的新型市场主体。建立社会化、市场化的数据应用机制，鼓励电子商务平台向实体零售企业有条件地开放数据资源，提高资源配置效率和经营决策水平。”因此，新零售的兴起和发展进一步促进了农产品流通的转型。

3.3.1.6 冷链物流的发展推动了农产品流通迈向更高水平

近年来，冷链物流逐渐进入人们的视野，成为物流领域中的一块亿万蓝海。冷链物流热度的持续高涨，引起了不少巨头公司的高度关注。比如中国顺丰和美国物流巨头夏晖宣布成立冷链物流合资公司，京东物流与中国国际货运航空开始了一项全球冷链物流体系建设合作，阿里巴巴的冷链物流版图上再添驯鹿冷链，分别背靠腾讯、阿里巴巴的O2O餐饮配送平台美团、饿了么也开始布局短途冷链。冷藏车作为冷链运输环节最重要的交通工具，其产销量逐年增加。中国冷藏车产量从2012年的0.85万辆增加到2017年的3.38万辆。2019年我国冷藏车产量达到5.67万辆，预计2022年中国冷藏车产量将突破10万辆，2023年中国冷藏车产量将增至14万辆左右，2019~2023年年均复合增长率约为25.35%。2015年我国冷链物流市场规模达到1 800亿元，同比增长20%。2016年我国冷链物流市场规模增长至2 250亿元。截至2017年，我国冷链物流市场规模达到了2 550亿元，2018年我国冷链物流市场规模将突破3 000亿元，达到3 035亿元，较上年增加485亿元，同比增幅达到19.02%。① 冷链物流长期以来影响着农产品的流通效率和农产品的品质保证，因此，突破冷链物流的技术短板，提升冷链配送系统效率，是提升农产品流通效率的重要任务。

3.3.2 我国农产品流通行业的发展现状

在社会主义市场经济运行背景下，流通决定生产，尤其是鲜活农产品的生产，没有好的农产品流通模式与快速的物流道路，将导致农产品流通不畅，从而直接影响农业产业化进程、农民利益增长和新农村建设。近年来，中国实施的促进农产品增产和完善农产品流通基础设施建设的政策，为提高农业经济效益及农产品流通效率、确保城乡市场供应起到了良好作用，对解决中国农村现存的小农经济买难卖难、提高组织化程度与农产品商品化率等问题都起到了促进作用，现代农产品流通体系的建设在中国国民经济中的地位与作用逐渐受到

① 数据根据前瞻产业研究院发布的《中国冷链物流行业市场前瞻与投资战略规划分析报告》整理所得。

重视。中国已初步形成了产地市场、销地市场和集散市场统筹发展，综合市场和专业市场互补互进，以大中城市为核心，遍布城乡的多层次、多元化的市场流通格局。全国经由农产品批发市场交易的农产品比重高达 70%，并且仍在继续升高；在北京、上海、广州、深圳、成都、沈阳等大城市经由批发市场提供的农产品比例在 80% 以上；[①] 不同层次的农产品批发市场在城乡农产品流通和交易以及确保城乡市场供应中发挥着任何方式都不可替代的功能与作用。

3.3.2.1　市场容量

随着人们的消费需求升级和城市规划的调整，传统农产品批发市场已难以适应时下消费需求以及零售业快速进步导致的交易量分流，转型升级成为必然选择。而农产品电商行业的快速发展也在一定程度上带动了中国农产品流通行业发展。2019 年全国农产品网络零售额达到了 3 975 亿元，比 2016 年增长了 1.5 倍。[②] 农村地区收投快递超过 150 亿件，占全国快递业务总量的 20% 以上。[③] 2019 年 1～12 月我国农产品行业规模以上企业数量达到 22 401 家，其中亏损企业数量 3 406 家亏损面 15.2%，2019 年 1～12 月农产品行业亏损总额 249.9 亿元，同比下降 3.2%。[④] 2019 年 1～12 月我国农产品行业营业收入达 4.68 万亿元，累计增长 4%，行业实现利润总额达到 1 887.6 亿元，累计增长 3.9%。2019 年，我国农产品进出口额 2 300.7 亿美元，同比增长 5.7%。其中，出口 791.0 亿美元，减少 1.7%；进口 1 509.7 亿美元，增长 10.0%；贸易逆差 718.7 亿美元，增长 26.5%。[⑤]

3.3.2.2　农产品电商发展迅速，但供应链不完善，电商人才短缺

全国农产品电商市场规模持续扩增，2019 年我国农产品网络零售额达到 3 975亿元，比上年增长 27%，累计带动 300 多万贫困农民增收。[⑥] 超过 300 万种贫困县商品在京东平台实现 750 多亿元的销售额。拼多多平台注册地址为“三区三州”深度贫困地区的商家数量达到 15.7 万家，年订单总额达到 47.97

---

① 根据中研网发布的《农产品流通行业现状及发展前景预测》整理所得。

② 根据中国经济网公开资料整理所得。

③ 根据国务院联防联控机制举行的发布会上商务部消费促进司负责人的讲话整理所得。

④ 根据中国产业信息网公开资料整理所得。

⑤ 根据农业农村部网站公布数据整理所得。

⑥ 根据中国财经网公布数据整理所得。

亿元，分别比上年增长540%和413%。[①] 特色农产品电商这一“虚拟菜篮子”在更好地满足居民多样化、高品质农产品消费需求的同时，带动了“互联网+特色农业”一系列相关产业的发展。淘宝、天猫、京东三个电商平台农产品上行数据表明，电商节日经济对市场销售走势的影响不容忽视，水果类、功能性特色农产品持续走俏，西部特产凭借原产地品牌形象占据较大市场份额。

近年来，我国农产品电商行业飞速发展，农产品电商行业从快速成长阶段向高质量发展阶段迈进。特色农产品面临的产销衔接不畅问题依然较为突出，主要原因在于电商供应链短板导致特色农产品上行受阻。上游农业生产组织化程度低，难以与下游电商企业高效对接。农产品标准化、集约化生产离不开农民合作社、农业企业、种养殖大户等新型经营主体的参与。然而有关统计显示，截至2019年6月，我国注册登记的农民专业合作社突破220万家，但空壳社占比至少在三成以上，个别地区的空壳社甚至能占六成以上。中游农产品产后加工及冷链物流发展滞后，面临消费者信任危机。我国农产品加工转化率接近68%，尚有较大提升空间。当前，特色农产品电商上游生产端上行的农产品多为未加工的初级农产品。调查数据显示，71.7%的受访生产者未进行农产品产后加工，仅有28.3%的生产者表示建有商品化处理中心或中央厨房等对农产品进行加工。[②]

随着我国特色农产品电商市场规模的持续扩张，产业发展面临的专业人才短缺问题将日益凸显。首先，电商行业人员流动性强，专业电商人才缺口较大。网经社电子商务研究中心数据显示，2018年有62%的电商企业处于招聘常态化或人才需求强烈状态，专业人才缺口较大，[③] 预计2021年我国农村电商人才缺口将达到217万人，2025年人才缺口将增至350万人。其次，农产品电商虽快速发展，但专业人才队伍建设滞后。[④] 截至2020年3月，农村网民规模为2.55亿，占网民整体的28.2%。全国非网民规模为4.96亿人，其中农村人口占59.8%。[⑤] 非网民不上网主要是因为使用技能缺乏、文化程度限制和受年龄因素影响。一方面，受农业从业人口受教育程度普遍较低、老年农民比例较大等不利因素影响，本地电商人才挖掘与培养难以满足农产品电商发展需求；

① 根据中国农业大学学者高启杰、郭凯凯发表的《中国特色农产品电商市场分析和发展建议》整理所得。

② 根据《乡村振兴战略规划实施报告（2018—2019年）》整理所得。

③ 根据网经社电子商务研究中心公开发布的数据整理所得。

④ 根据《2020中国农村电商人才发展报告》的数据整理所得。

⑤ 根据中国互联网络信息中心发布的第45次《中国互联网络发展状况统计报告》数据整理所得。

另一方面，受县域经济发展水平、农产品电商收益不稳定等因素影响，引进的人才水土不服，流失率高，难以持久。①

3.3.3　我国农产品流通的产业链发展现状

本书对农产品流通的产业链现状从上游（农业生产）、中游（流通环节）、下游（销售终端）展开分析。

（1）以“小农生产”为主，集中度低，上游极度分散。自古以来，我国农业生产即以个体“小农生产”为主，至 2016 年底，我国有 2.3 亿农户，经营耕地 10 亩以下的农户达 2.1 亿户。② 生产经营非常分散，集中度较低。生产源头农户的分散性，以及各地生鲜品种、质量、价格不统一，决定了农产品的种类很难标准化。

（2）损耗高、相互交叉的多级批发模式仍占主流。生鲜从农户到消费者至少经过 4 层的供应链，过程较长。由于上游极为分散，为了满足农产品在不同区域和不同季节时的需求，我国多年来形成了稳定的、以多级批发市场为主的生鲜流通体系，即分散的农户生产商品后，由大量经纪人收购，运输至产地批发市场，随后由销地批发市场、二级批发商等分销至零售端农贸市场、超市等，最终到达终端消费者。由于供应链较长，农产品经过每层环节的储存、运输、装卸后损耗较大，叠加运输成本、人工成本等，层层加价，使得产销两地产品差价较大，而当前生鲜零售终端毛利率普遍较低，再加上多层运输、装卸，损耗率大幅提高。多级供应链涉及的流通环节众多，且由于其“产全国、销全国”的市场特点，长途运输不可避免，国内批发零售冷链物流尚不完善，运输环节损耗率较高。产品最终到达消费者手中花费时间较长，国内生鲜农产品 25% ~30% 的损耗率相较于美国 1% ~2%、日本 5% 的损耗率非常高。③

（3）以农贸市场为主，超市、电商齐头并进带动直采。当前生鲜零售以农贸市场为主，未来超市直采为必然趋势。由于超市生鲜购物环境整洁、其价格较农贸市场更有竞争力，消费者开始转变只去农贸市场购买生鲜的传统观念。从下游生鲜终端渠道销售数据来看，2016 年，73% 的生鲜通过传统农贸市场交易，仍稳居零售端市场主体地位，其零售摊位的分散性限制规模化采购，使中间商整合难度提升，增加了中游流通环节。超市生鲜销售占比仅达

① 根据中国农业大学学者高启杰、郭凯凯发表的《中国特色农产品电商市场分析和发展建议》整理所得。

② 根据发表于商业新知网的《生鲜供应链行业深度研究报告》整理所得。

③ 根据《2019 生鲜供应链行业研究报告》整理所得。

22%，远低于美国、德国、日本超市生鲜销售超70%的占比，但其始终保持稳定又快速地增长，还有很大的渗透空间。电商份额虽占比较小，但上升速度较快。2017年，中国生鲜电商市场交易规模约为1 391.3亿元，同比增长59.7%。① 未来随着超市生鲜销售占比进一步提升，将带动生鲜大规模采购，有助于其跨越多层中间批发环节，更大比例地向基地或源头农户采购。

3.4 西部地区农产品的流通现状分析

西部地区作为我国农业主产区之一，具有产量大、品种多、品质优等特征。随着经济的发展，农产品的跨区域流动逐步增强，与之相关的农产品物流需求日益增多，但该区域内较为薄弱的物流交通基础设施以及较为闭塞的物流信息化水平等因素，又对该地区农产品物流的进一步发展起到了抑制作用。

3.4.1 物流基础设施较落后

2009~2018年西部地区交通总里程如图3-11所示。经过大力建设，西部地区的大部分农村基本实现了村村通公路，较发达的地区还提出了户户通公路的目标。但是，与东部发达地区的农村相比，这些公路数量还是太少，而且道路等级较低、路基窄、弯道多、坡度大，大型货车难以行驶。同时，西部地

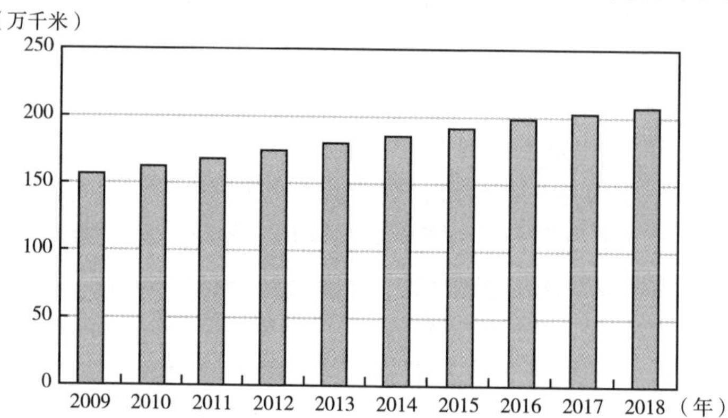

图3-11 2009~2018年西部地区交通总里程

注：交通总里程为公路、铁路、内河航道三者的合计。

资料来源：《中国统计年鉴》（2009~2018年各年）。

① 兴业证券发布的《2019年农产品供应链行业深度研究报告》。

区的农村中用于物流的专业设备较落后，运载效率低，冷链等物流方式鲜有使用。这些较为落后的物流基础设施大大制约了西部地区农产品物流效率的提升。

3.4.2　西部特色农产品市场潜力较大

电商市场发展迅猛，优势区域特色品牌占据较大市场份额。原产地效应作用机制影响下，优势区域特色品牌占据较大市场份额。产品原产地影响消费者对产品的评价，进而影响消费者购买倾向，其中优势区域公用品牌形象和地理生态形象对特色农产品评价影响显著。随着城乡居民消费升级和高品质农产品消费需求的增长，无公害、坚持绿色生产的农产品更受消费者青睐，如宁夏中宁县出产的枸杞、西藏那曲出产的冬虫夏草。2019 年第二、第三、第四季度，宁夏枸杞位居该品类电商销售额榜首，销售额占比高达 73.9%，西藏冬虫夏草电商市场出货最多，其电商销售额占比高达 98.6%。从特色农产品电商市场地域销售情况看，西部地区特色农产品电商发展迅猛。从监测的 8 个品类看，除小龙虾外，其余 7 个品类（马铃薯、苹果、牛肉、羊肉、枸杞、核桃、冬虫夏草）位居电商销售额榜首的城市均来自西部省份。苹果是陕西农业的特色优势产业，陕西苹果生产居全国首位，2019 年 4 ~ 12 月，陕西特色苹果电商销售额占到特色苹果优势产区电商销售额的 45.1%。内蒙古出产的“蒙牛”“蒙羊”市场认可度、市场占有率、品牌知名度最高，2019 年第三、第四季度电商销售额季度环比分别上涨 101.8%、205.5%。[①]

3.4.3　市场信息不对称，批发商被迫销往“远市”

多级供应链使得市场信息不畅，批发商可能无法准确掌握较近的批发市场价格、需求信息，不愿意贸然进入，而距离更远的批发市场吞吐量大，销售风险更低。例如，贵州省贵阳市一直缺乏中高品质蔬菜，但省内黔东南蔬菜年外销量为 10 万吨左右。[②] 由于市场信息不对称，黔东南不知道贵阳市场需求如此大，也不了解贵阳消费者在什么时间段需要哪些蔬菜及价格等信息，导致菜农不敢贸然大规模进入贵阳市场。其农委总农艺师甚至仍在外考察广州批发市场，帮助黔东南菜农找市场，其表示如果早知道贵阳市场有如此强烈的合作愿

---

① 中国农业大学学者高启杰、郭凯凯发表的《中国特色农产品电商市场分析和发展建议》。

② 兴业证券发布的《2019 年农产品供应链行业深度研究报告》。

望，肯定更愿意与贵阳方面洽谈。由于供应链层级多，农户与下游双方信息不对称，使得农户只能向信息更透明的、远地的批发市场运输，造成效率不高等问题。

3.4.4 销售的生鲜难以溯源，食品安全存在较高隐患

生鲜在多级供应链进行流通，经过层层加工、包装、运输，溯源信息难以保存，一旦出现质量问题，甚至很难追溯同一品类生鲜不同源地，由此容易造成食品安全存在较高隐患。

3.4.5 生鲜市场价格波动大，个体户批发商风险承担能力弱

生鲜供给受气候、市场行情影响较大，而且其具有易腐性，因此价格敏感度高、波动大，往往在批发市场一天内同一品类生鲜价格就会有不同程度的波动，使生鲜批发市场充满风险，故在流通环节需要抗风险能力较强的物流链来消化市场风险。我国西部地区的批发商多为个体户，单体资金量小、规模小，风险承担能力弱，从而需要更多层级、更多数量的中间商来共担风险。日本农产品批发市场多采用拍卖制，激烈地竞买使小型批发商被淘汰，少数有实力的批发商发展为大型株式会社，资金雄厚、规模较大的背景使得为数不多的大型批发商可承担一定的市场波动风险。

3.4.6 零售业账期长，个体户批发商垫资能力弱

西部地区存在零售企业普遍占用供应商资金，为稳固销售渠道，上游批发商需垫付1月左右的仓储、场地租用、运输、包装等资金，而委托批发商代销或赊销买断的农村经纪商也需先垫付购货、包装、运输、装卸、租用场地等资金，承担批发商1月以上的账期。中间商资金量小，垫资能力弱，一旦某环节出现垫资困难，可能会导致其流通过程瘫痪，因此在收到销货收入前，生鲜流通所经历的层层装卸、运输等成本需要更多数量、层级的中间商分担，长久下来形成了稳定的、多层级的批发体系。而日本批发市场货款结算账期很短，零售商一般需在3~7天向批发商付款，批发商需在1~4天向供货人付款。资金回笼快，使批发商可更大规模地采购，流通效率更高，供应链层级更少。

3.4.7　信息流转不畅，致使农产品抢购滞销、批发商亏损情况频现

（1）生鲜价格暴涨暴跌陷入恶性循环。由于供应链太长，远离市场的农民通常只能根据去年行情选择种植品种，或者从批发商、农村经纪商那里获取市场信息，但这些信息都是很滞后的，如果去年销售较好的生鲜在今年大规模种植反而会造成供给过剩以及其他品类供应匮乏，进而导致农产品滞销、抢购现象，第二年农户继续根据今年的市场选择热销产品，又会使此品类明年价格暴跌，从而导致生鲜价格暴涨暴跌情况陷入“怪圈”。

（2）价格变动信息传导慢致使批发商严重受损。市场价格传导机制受阻，生鲜在流通中的价格波动则无法及时传至各级批发商，可能会使其收购价反而高于售价，造成严重亏损，因而批发商承担的价格风险较高，若其囤货，则风险加剧。而较高的价格风险又需要多量、多层的批发商共担，使得信息流转与供应链相互制约的局面难以被打破。

3.5　传统流通模式中存在的问题

3.5.1　交易环节繁多，交易成本较高

从前面所述的流通模式可以看出，除农户自营模式外，其他的两种鲜活农产品的流通模式都具有较长的流通链条，从源头的生产者到最终消费者有若干参与主体，利益被分散在中间环节，容易导致“低买高卖”的流通困境。同时，参与主体众多加大了管理与监控的难度和交易成本。农超对接的模式相对来说较为成熟，能够为生产者带来诸多效益，但是从整个西部地区范围来看，能够支撑起这一模式顺利运营的超市却较少。

3.5.2　流通主体的经营较分散

以批发市场为核心的流通模式为例，产地批发市场作为整个农产品供应链上的核心，将上游较为分散的农户和下游的分销商联系起来，能够快速实现生鲜农产品的价值。但是，上游较为分散的农户所提供的鲜活农产品质量良莠不

齐，且传递过程仅仅是产品的单纯传递，并没有实现功能上的整合升级，生鲜农产品在下游的购买和消费过程中一旦出现产品质量问题，没法建立动态的质量追溯体系；同时，鲜活农产品的物流配送模式大多为自营配送模式，专业化程度不高，运输与配送过程中鲜活农产品的价值减损较为严重。

3.5.3 信息化水平较低，信息不对称

信息在生鲜农产品供应链之间及时、准确、顺畅地传递是保证生鲜农产品质量安全、实现农业产业结构升级的重要保证。从西部地区农产品的流通模式可以看出，流通主体的规模较小，且较为分散，对信息的收集、加工和处理的能力较低，没有形成环闭回路，各环节的信息难以共享。农户作为生产者不能敏锐地把握市场动态和供需状况，其生产的鲜活农产品即使质优价廉也无人问津，严重损伤了农户的积极性。中间商没有和上下游的流通主体建立共赢的合作关系，而为了使自身利益最大而层层加价，使得鲜活农产品的流通受阻。因此，充分利用互联网技术和现代信息技术来构建新型的鲜活农产品流通模式是西部地区当前面临的重要议题。

3.5.4 农产品流通的基础设施比较薄弱，物流环节损失大，成本高，效率低

西部地区地形复杂、交通不便，尤其是一些农村和偏远山区的道路基础条件差，物流设施远达不到运输要求，再加上企业的生产加工技术和冷链物流水平较落后，导致很多农产品在运输过程中农产品价值减损比较严重，损失有时可占30%以上，蔬菜水果损失更严重，高达50%。过长的产销链导致农产品流通成本较高、流通效率较低。

3.5.5 履约性差、监督成本高

目前，在西部地区，农户合作组织在多个农村地区建立，合作社通过签订协议将生产者组织起来提高话语权，同时批发商再与合作社订立合约进行交易。但这种交易渠道中批发商自身的利己性促使其难以按照约定进行农产品收购：当供过于求时，批发商压低价格；当供不应求时，会按约定价格执行。最终结果是损害了辛苦经营劳动者的经济利益。合作社作为生产者与批发商的衔接者并没有实现理论中应有的作用。

3.5.6　买卖双方地位不对等

传统流通模式中买卖双方地位不对等，生产者在交易中处于劣势地位。农产品是日常需求品，缺乏弹性，且部分农产品成熟后难以保存，生产者会急于处理。双方交易，单个生产者面对的是一个强大的组织，单个生产者的产品产量在组织所收购产品量中比重微不足道，因此生产者在交易谈判中缺乏话语权，按什么要求交易、怎样收购、产品标准等都由收购商制定，生产者只能被动接受。

3.6　国外农产品流通模式的现状分析

发达国家的农产品流通模式尽管各不相同，但可以归纳为两种基本类型：一是以美国为代表的产地直销模式；二是以日本为代表的批发市场模式。

3.6.1　美国的农产品流通模式

美国的农产品流通模式以大型超市、连锁零售商为主导。美国农业生产的平均规模较大、专业化程度较高。同时，由于美国农业生产主要以自由市场为主导，因此，农产品基地市场相对集中的局面逐渐形成。另外，美国高速公路、铁路等运输网络非常发达，农产品运输保鲜设备效能、现代化程度较高，再加上数目众多、经营规模比较强大的大型农产品零售连锁终端。因此，这从客观上就产生了农产品货源稳定、供货时点及时的强大需求，进一步促成了以超级农贸超市、连锁经营商店为引导的农产品供应经营管理模式的形成。当然，这种集生产和销售为一体、直接衔接农产品零售连锁终端的流通渠道管售模式是建立在农业生产者（农业企业）以及农产品零售商等大规模经营基础之上。该种农产品流通渠道管理模式具有流通路径短、流通速度快捷、成本费用低等优点，大幅提升了农产品流通效率。① 图 3－12 体现了美国农产品的流通模式。

① 余燕．美国、日本农产品流通渠道管理模式及经验借鉴［J］．世界农业，2014（3）：72－73.

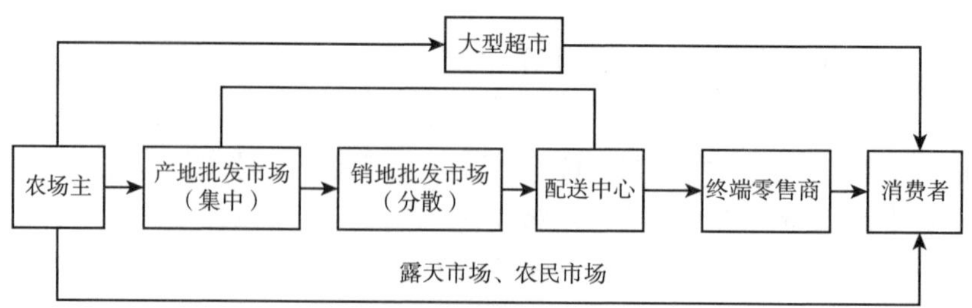

图3－12 美国农产品流通模式

注：⟶ 表示农产品的物流、价值流动、资金流动、信息流。

资料来源：王成敏，李美羽．基于“互联网+”的鲜活农产品流通模式创新研究［M］．北京：中国财政经济出版社，2020：21.

3.6.2 日本的农产品流通模式

日本农业生产比较分散，这主要是由日本特殊的地域条件决定的，也正是因为如此，日本农产品生产很难走规模化和组织化之路。图3－13体现了日本农产品的流通模式。日本农产品流通的特征是批量小、流通频率高，所以很少

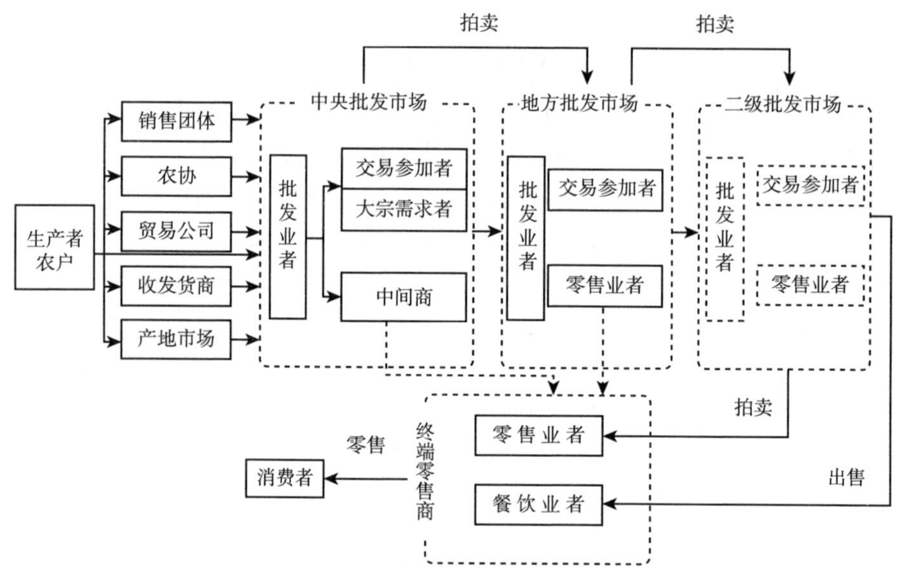

图3－13 日本农产品流通模式

注：⟶ 表示农产品的物流、价值流动、资金流动、信息流。

资料来源：王成敏，李美羽．基于“互联网+”的鲜活农产品流通模式创新研究［M］．北京：中国财政经济出版社，2020：21.

有农户将农产品直接销售给消费者，而是通常通过专门的组织收购农产品，因而农产品生产和销售环节中的批发市场作用重大。日本超过半数的农产品流通渠道为“产者—农协—批发市场—零售终端—消费者”，日本约有 81% 的蔬菜和 72% 的水果经批发市场到达消费者。

3.7　国内外农产品流通模式对比及经验借鉴

3.7.1　国内外流通模式对比

美日农产品流通模式下的市场主体为农业合作组织、农产品批发零售企业等，这些流通主体经济实力普遍很强、规模较大。美国农产品流通中的流通主体为农业合作社或者产销联合组织。农场主为了扩大规模，自发组织成立了各种类型的农业合作社，如农业技术合作社、生产资料供应合作社、销售合作社、共同使用农业设备合作社等。多样化的合作社为农场主提供了各种便利服务，大大提高了单个农场主的竞争实力，使其在市场中享有更多的定价权。日本农协是重要的农业经济组织，它是在政府扶持下成立的群众性经济组织，该组织属于民办官助性质。日本农协在全国范围内建立起错综复杂的网络体系，掌握着雄厚的资金，它所设立的农产品流通体系覆盖范围能够实现全国 100% 覆盖。

在我国，农产品交易在很大程度上需要依赖批发市场才能进行，批发市场在农产品流通中意义重大。批发市场体系下的农户可以直接进入产地批发市场。产地批发市场一般设在农产品的产地，农户可以直接与批发商进行农产品交易。批发市场具有开放性特征，农户在批发市场中具有价格优势，当农户与批发商完成交易后，双方的权利与义务关系自动解除，即二者之间的交易为一次性的。无论是农户还是批发商，在交易过程中力争实现利益最大化，双方一般不会为做长期交易而努力，每完成一次交易，交易对象就会发生转换。因此在这一流通渠道中，主体之间是一种低度均衡的权利结构，双方互相依赖的程度较低。交易主体进入交易市场的限制条件很低，而且双方对价格产生影响的可能性也很低。这种权利结构下的农产品流通效率较低。作为市场交易主体出现的农户数量多、规模小，导致交易难度以及交易次数增加。交易主体双方每完成一次交易就要寻找一次合作伙伴，导致交易成本大幅上升。由于交易规模较小，农户在交易过程中只能被动承受市场价格的变动，导致农户市场风险加大。农产品产地批发市场不提供农产品加工和处理服务，而农户加工农产品的能力有限，因此农户很难获得产品增值，只能获得农产品的部分价值。

3.7.2 国外农产品流通模式的经验借鉴

一个国家农产品的流通模式受到一个国家经济发展水平、地理特征、文化环境、历史变迁等多方面因素的影响。因此，对于国外先进的农产品流通模式的引入，我们应该坚持“拿来主义”，将先进的流通模式与一个地区的经济、社会、文化等发展现状相协调，避免其“水土不服”，同时通过深入对比国内外的流通模式，总结出适宜国内农产品流通的一些共性的做法，以提高我国农产品的流通效率，促进现代农业的发展。

（1）完善农产品流通的交通基础设施及交通网络体系。农产品流通基础设施由交通设备、搬运设备、仓储设施等组成。农产品属于特殊产品，它对时间的要求较高，因此必须提升农产品流通效率。提升农产品流通效率不但需要建立起交通条件良好的生产基地和销售市场，而且还需要在全国范围内建立起便捷的交通网络体系。

（2）采用现代物流技术，提升冷链物流管理水平。农产品市场竞争力的关键在于新鲜，而冷链物流技术有利于农产品保持新鲜度、扩大农产品销售范围，因此，我们应当将冷链物流技术用于农产品流通领域，美日两国在这一点上做得比较好。日本冷链技术十分先进，不仅设立了冷藏库、运输中心，而且还建立起先进的冷链物流体系。据调查，日本约有超过95%的农产品采用的是冷链物流技术。日本的保温汽车约12万辆，而美国的数量更多，保温汽车数量超过20万辆，因此美国农产品冷藏运输率比一般国家要高。除此之外，美国对农产品包装也很重视，统一包装不但便于产品的流通，而且也能降低农产品的损耗。

（3）提高农产品流通的组织化程度。前面对我国农产品流通模式的分析表明，我国的农产品流通存在着生产主体较分散、流通渠道过长的问题，整个农产品流通过程中的组织化程度较低，农户在市场定价中的权利较小，大量的利润被分散在渠道中，造成了“低卖高买”“小农户”与“大市场”不能有效对接的流通困境。而美日农产品流通模式下的市场主体为农业合作组织、农产品批发零售企业等，这些流通主体经济实力普遍很强、规模较大。美国农产品流通中的流通主体为农业合作社或者产销联合组织。多样化的合作社为农场主提供了各种便利服务，提高了单个农场主的竞争实力，使其在市场中享有更多的定价权。因此，农产品流通组织化程度的提高将是破解流通困境的一个重要突破口。

3.8　本章小结

本章首先分析了我国传统农产品流通的七种模式，在此基础上从环境分析、行业发展现状和产业链三个方面分析了我国农产品流通的现状；其次分析了我国西部地区农产品流通的现状及传统农产品流通中存在的问题；最后分析了以美、日为代表的农产品流通模式，并将国内外的流通模式进行对比分析，总结出我国可以借鉴的经验和做法。本章的内容分析，为下一章论述“互联网 +”背景下农产品的流通模式分析奠定了基础。

第 4 章

“互联网 +” 背景下农产品的新型流通模式分析

本章在分析传统农产品流通现状及存在问题的基础上，建立“互联网 +”农产品流通的创新模式：C2B 模式、O2O 模式以及 O2O + C2B 的运营模式。

4.1 C2B 概述

4.1.1 C2B 的概念与特征

消费者到企业（customer to business，C2B），是互联网经济时代新的商业模式。这种模式先有消费者需求产生而后有企业生产，即先有消费者提出需求，后有生产企业按需求组织生产。通常情况为消费者根据自身需求定制产品和价格，或主动参与产品设计、生产和定价。产品、价格等彰显消费者的个性化需求，生产企业可根据需求进行定制化生产。图 4 – 1 显示的是 C2B 模式的基本思想。

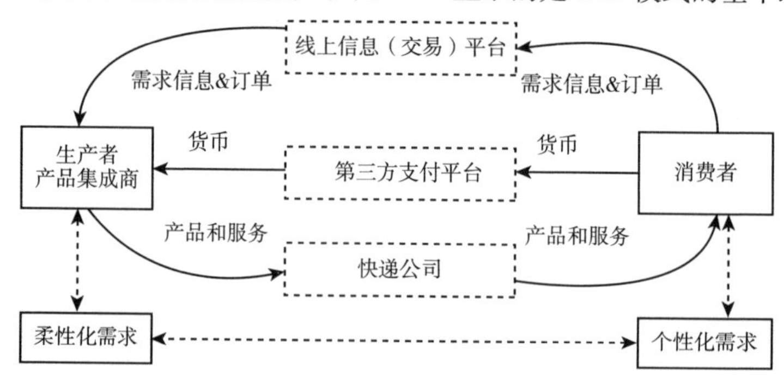

图 4 – 1　C2B 基本思想示意

资料来源：王成敏，李美羽．基于“互联网 +”的鲜活农产品流通模式创新研究［M］．北京：中国财政经济出版社，2020：21.

长期以来，由于定制生产成本很高，生产者和消费者双方在交易过程中存在空间障碍、时间障碍、金融支付障碍和沟通障碍等问题，导致交易成本很高，因此消费者和生产企业退而求其次，以牺牲个性化交换工业化生产的低成本，这就是以生产企业为中心、少品种大批量的 B2C 模式。进入 21 世纪后，互联网技术为产销双方提供了低成本、快捷、双向的沟通手段，现代物流畅达，金融支付手段便捷，以模块化、延迟生产技术为代表的柔性生产技术日益成熟，使交易成本和柔性生产成本大幅下降，为发展 C2B 创造了条件。C2B 是将庞大的人气和用户资源转化为对企业产品和品牌的注意力，转化为企业所迫切需要的营销价值，并从用户的角度出发，通过有效的整合与策划，改变企业营销内容及形式，从而形成与用户的深度沟通与交流。

C2B 模式的优势在于能很好地满足消费者的个性化需求，整个模式以顾客需求为导向，根据顾客的多样性需求来定制化生产产品，是一种由外向内的运作模式，通过定制化生产有效减少了同质化生产所造成的资源浪费，提高了资源的配置水平，降低了产品的营销成本，实现了“营销的目的是为了让推销成为不必要”。当然，C2B 的定制化生产是要以厂商的柔性化生产和精益供应链为基础，并灵活应用现代信息技术、物联网技术、区块链、大数据等，对客户需求进行精准分析。如果达不到这一点，而且市场本身也不存在较为显著的差异化需求，仅仅为定制而定制，就会产生过高的转化成本，使 C2B 的优势丧失。① 因此，C2B 模式应具备三个必需条件：显著的差异化需求、柔性化生产及配套的高科技技术。

同时，对于企业而言，在原材料价格普遍上扬的情况下，采用电子商务 C2B 模式，不仅可以降低中小企业成本，而且可以打通虚拟市场扩大交易份额，进行企业结构性转变，使中小企业向半虚拟企业发展。另外，虚拟市场不同于现实市场，每个企业无法与其他企业进行绝对性比较，这种虚拟市场是每个企业都无法预估的，可以提高企业的服务质量。

4.1.2 C2B 模式分类

按照实现难度及层级来看，C2B 模式可以分为聚定制、模板定制、深度定制、要约定制。

（1）聚定制模式。即通过聚合客户的需求组织商家批量生产，让利于消

① 王琨. 三维 C2B 电子商务模式的界定及机理研究［D］. 北京：中国社会科学院研究生院，2017.

费者。其流程是提前交定金抢占优惠价名额，然后在活动当天交尾款，这是该模式最大的亮点，从预热阶段各商家预售产品的火爆程度可管窥一二。这种模式带来了极大的增量，也奠定了活动当天的成交基础。此类 C2B 形式对于卖家的意义在于可以提前锁定用户群，可以有效缓解 B2C 模式下商家盲目生产带来的资源浪费，降低企业的生产及库存成本，提升产品周转率，对商业社会的资源节约起到极大的推动作用。团购也属于聚定制的一种，采用预售、集体团购等形式可以将分散着的用户需求集中起来，对于一些还没有生产出的产品，可以根据集中的需求进行快速的生产，在用户需求完全表达的理想情况下，使得商家的供给可以正好与用户的需求匹配，避免了资源的浪费。对商家而言，即需即产实现了零库存，使库存成本趋零，而由于已经知道需求的分布，商家甚至可以选择不同的生产地点进行生产从而降低运输成本，同时由于用户已经付费锁定了收益，商家也不必担心调研时口碑很好的商品大规模生产后出现“叫好不叫座”的情况。这种形式整体降低了商家的成本，在一定程度上避免了商家的损失。而对用户而言，由于商家的成本降低，通过预售购买的用户可以享受到更低的价格，其实在某种程度上可以理解为是在用“时间”换“价格”。

（2）模块定制模式。聚定制只是聚合了消费者的需求，并不涉及在 B 端产品环节本身的定制。该模式为消费者提供了一种模块化、菜单式的有限定制，但考虑到整个供应链的改造成本，为每位消费者提供完全个性化的定制还不太现实，能做到的更多还是倾向于让消费者去适应企业既有的供应链。

（3）深度定制模式。深度定制也叫参与式定制，客户能参与全流程的定制环节。厂家可以完全按照客户的个性化需求来定制，每一件产品都可以算是一个独立的库存保有单位（stock keeping unit，SKU）。[①] 深度定制最成熟的当属服装类、鞋类、家具定制类行业。以定制家具为例，每位消费者都可以根据户型、尺寸、风格、功能完全个性化定制，对寸土寸金的户型来说，这种完全个性化定制最大限度地满足了消费者对于空间利用及个性化的核心需求，因此，定制家具市场正在蚕食成品家具的市场份额。而深度定制最核心的难题是如何解决大规模生产与个性化定制相背离的矛盾。深度定制典型的代表是定制家具企业——尚品宅配新居网，这家被汪洋同志称为“传统产业转型升级的典范”的企业将 IT 技术与互联网技术进行深度融合，通过其设计系统、网上订单管理系统、条码应用系统、混合排产及生产过程系统解决了这一难题。

① SKU 是对每一个产品和服务的唯一标示符。使用 SKU 植根于数据管理，公司能够跟踪系统，如仓库和零售商店或产品的库存情况。

(4) 要约定制模式。这种形式的典型例子是“请你来定价” (Priceline)①，将销售方与购买方的传统位置调换了一下，用户自己出价，商家选择是否接受。

4.2 基于“互联网 +”的农产品流通的 C2B 模式

本书已提出农产品具有难保存、季节性较强、价格波动较大、需求呈现刚性、流通要求较高等特点。同时，经过第三章对传统农产品流通模式的深入分析，提出传统农产品的流通模式存在流通环节过多、信息沟通不畅、冷链物流水平较低、流通过程中成本较高、流通效率较低、农户分散经营等问题。实际上，“互联网 +” 背景下农产品流通效率的提升就是要利用互联网的思维和互联网技术来优化农产品的流通模式，提升流通主体的经营效率，提升最终消费者的价值感知，提升农产品流通链条上各主体的利润水平，塑造敏捷、高效的农产品供应链。图 4 –2 体现的是“互联网 +” 背景下农产品流通的 C2B 模式的总体逻辑框架。

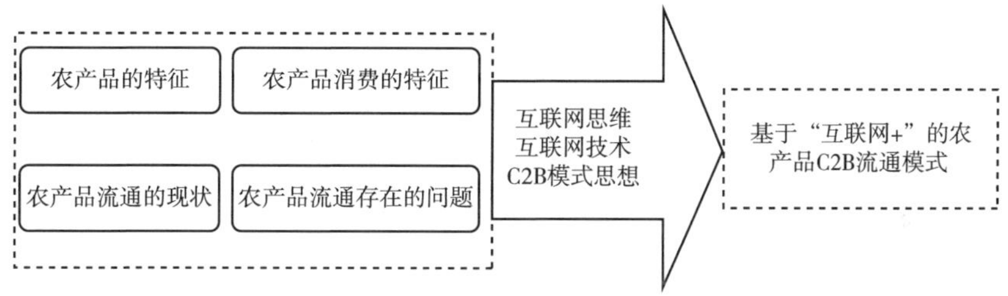

图 4 –2 “互联网 +” 背景下农产品流通的 C2B 模式的总体逻辑框架

该模式的思想是在分析农产品的特点及消费特征的基础上，深入剖析农产品流通的现状，并找出农产品流通中存在的问题；在借鉴国外农产品流通中先进经验的基础上，因地制宜，在农产品流通中融入互联网思维和技术，进而设计出基于“互联网 +” 的农产品流通的 C2B 模式。该模式的总体逻辑示意如图 4 –3 所示。

① Priceline 是美国人杰伊·沃克（Jay Walker）在 1998 年创立的基于 C2B 商业模式的旅游服务网站，是目前美国最大的在线旅游公司。Priceline 属于典型的网络经济，它为买卖双方提供了一个信息平台，以便交易，同时提取一定佣金。同时，该公司也提供传统的酒店预订服务，消费者可以根据图片、说明、地图和客户评论来选择他们想要的酒店，并且按照公布的价格付款。该公司创立的“Name Your Own Price”（客户自我定价系统）独树一帜。

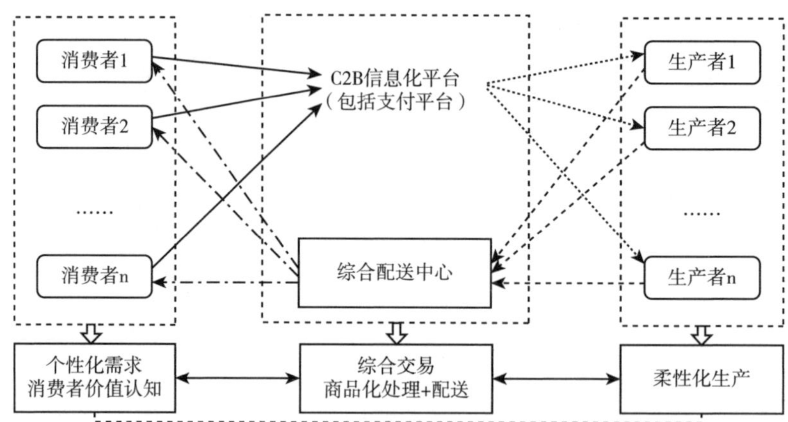

图4-3　基于“互联网+”的农产品流通的C2B模式总体逻辑示意

注：⟶ 表示消费者发出的需求、订单或是向支付平台支付的资金或定金。

-·➤ 表示配送中心根据顾客需求所进行的农产品或其组合的配送活动。

--➤ 表示按照顾客要求定制化生产或提供的农产品。

····➤ 表示信息化中心将处理好的订单传送给生产者或向生产者支付资金。

该模式的逻辑起点是消费者的个性化需求，终点是定制化产品满足了消费者需求，从而形成了“需求—供应”链条闭环。某个消费者根据自己的个性化需求确定自己的订单，并在C2B的信息化平台下单，并支付预售定价或货款，C2B的信息化平台根据生产者的生产结构与规模将该消费者的订单进行分解，并利用大数据平台合理分析配送成本、配送路径等信息，然后交由综合配送中心，配送中心整合各生产者配送过来的各类农产品，形成满足消费者个性化需求的产品组合，然后配送给消费者。实现这种模式的核心是：消费者可以根据个性化需求确定订单，信息中心需要对需求信息快速加工处理，生产者需要根据需求柔性化生产出定制化产品。

根据当前农产品流通的C2B思想及现实中的应用成熟度，本书借鉴学者王成敏、李美羽（2020）的研究成果，将从C2B个性化定制模式、C2B会员定制模式、C2B餐饮定制模式、C2B大规模定制模式、C2B综合定制模式来分别阐释基于“互联网+”的农产品流通模式，见表4-1。

表4-1　农产品流通的C2B模式

分类	核心特征	优点	代表案例
C2B个性化定制模式	认养/认种+体验	“量身订制”所需产品，防止滞销	禧福庄园
C2B会员定制模式	会员订单+订单生产+约定配送	零中间环节，利于成本控制和品质保证	多利农庄、一亩田、忠良网等

续表

分类	核心特征	优点	代表案例
C2B餐饮定制模式	餐饮综合需求+多生产者订单生产+综合配送	保证了田地到餐桌的农产品质量安全	美菜网
C2B大规模定制模式	目标群体需求深度挖掘+大规模生产+大规模销售	规模化发展，相对成本较低。但实施难度较大	海尔COSMOPlat
C2B综合定制模式	综合性需求+多生产者订单生产+综合性配送	多样化的发展模式有效分散了风险	沱沱工社

4.2.1 基于“互联网+”的农产品流通的C2B个性化定制模式

这种模式相对比较简单，与传统农产品种植的差异首先体现在销售思路上。一直以来，农民生产的农产品都是随行就市，由于市场行情变幻莫测，农产品大多增产却不一定增收。而私人订制则不同，它类似于“量身订制”的市场经济模式，没有太大的经济风险，也不会出现农产品滞销的情况，这样就实现了农产品从传统的自产自销到产品订制、定向销售的转变，也为农民增产增收拓宽了道路。这种模式是指在一定区域范围内，消费者与特色农牧场直接衔接，通过认养或认种的方式全程或半程参与到农产品的成长过程中，在享受有机新鲜农产品的同时，体验到农事活动的快乐和工作压力的释放。随着生活水平的提高，人们对有机农产品需求越来越强烈，通过定制化的模式降低了农民生产的风险，缩短了流通环节，也满足了人们对绿色有机食品的需求，可谓是一种“双赢”。但是这种模式的持续经营需要建立在对农产品的质量保证、增值服务应该更贴近乡村生活、农产品的种植成本与价格不能太偏离市场价格的基础上。图4-4体现的的是基于“互联网+”的农产品C2B个性化定制的逻辑示意图。

近几年，在一些经济发展较快地区，一部分消费者开始追求生活品质的提高。在农产品质量安全及食品质量安全问题层出不穷的情况下，他们对绿色有机农产品的追求提升到一个新的高度。他们希望享受安全放心的农产品，也希望能够回味农产品最纯正的味道，并能亲身体验特色农产品生产的过程。因此，农产品认养、认种的个性化定制模式越来越受到市场的追捧，且在全国许多城市逐渐开始出现。例如，在天津地区，消费者可以花3 000元在西青、津南认养一块小菜园，也可以花4 000~5 000元认养一头仔猪，5个月后就可以吃到自己认养的猪的猪肉；在东北地区，消费者可以花几千元在稻田认养水稻；在贵州，消费者只要支付每亩800元的年费、365元的管理费，以及一

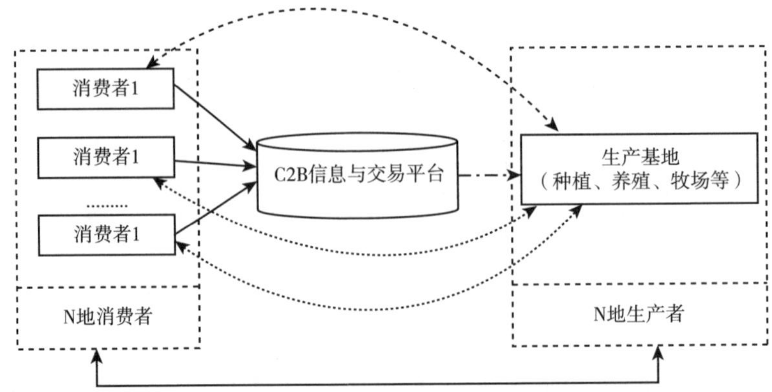

图4-4　基于“互联网+”的农产品C2B个性化定制的逻辑示意

注：⟶ 表示消费者发出的需求订单/认养认种申请/提交的相关租金或管理费。

-·→ 表示信息与交易平台对信息的快速处理后发送给生产基地。

←···→ 表示消费者全程参与/全程监控/成果自提/基地配送。

定的采摘工资、加工费、肥料钱，就可收获这亩茶园的所有茶叶，要什么茶，自己说了算。因此，基于“互联网+”的农产品C2B个性化定制模式应运而生。

4.2.1.1　具体流程

N地消费者要认领一块地或认养一些家禽，他们应通过农场所属公司开发的交易平台或App（也就是图4-4中提到的信息与交易平台）提出需求并经过不断沟通协调，对全托还是半托的模式达成一致意见后，定制（认养、认领）位于N地的一块地或几只家禽。消费者与农场管理人员共同管理、全程参与定制地块或家禽的管理。同时消费者需要根据通过C2B信息与交易平台支付租金与保管费用。所得成果由生产者自己带走或由农场配送到家。这种模式的顺畅运转需要消费者对生产者或农场管理人员的信任，并需要动态监控系统的支持，让消费者能够及时查看所认领地块或家禽的长势，查询到自己所属地块的生产全过程的作业日志；同时，这种模式要确保能够给消费者带来更多的价值感知，即生产的农产品要比市场的同类产品更绿色、健康，全程参与和体验农产品生产过程能够使消费者心情愉快、缓减压力、具有满满的成就感。只有当消费者在这种模式中获得的价值感知大于零（获得的价值大于得到收获所支付的成本）时，这种模式才能持续经营。

4.2.1.2 案例分析：禧福农业的个性化定制①

青岛禧福农业科技有限公司（以下简称禧福农业）是青岛一家主营现代农业生鲜连锁的企业，推出了农场免费认领活动，用户只需缴纳一定额度的保证金就可以免费获得一块优质农田的一年使用权，自己或委托耕种，能够吃自己收获的绿色无污染的果蔬和粮食，还能体验真正的农家乐趣，这一土地领养模式受到了热烈的追捧，一次性吸纳了 200 多个家庭用户参与活动。据估计，该农场吸纳了 200 多个家庭用户，缴纳的保证金达 600 多万元。

为了使禧福农业持久经营，公司从两方面着手打造企业的经营亮点。

（1）讲好故事。认领活动要得到消费者认可，故事内容一定不能少。农场想要把农场认领活动玩起来，要设计一个深入人心的故事，如以健康、安全、自由为主题的故事。禧福农业讲了一个“健康种植”的故事。众所周知，之前粗放式的农家乐等乡村旅游发展了多年，已经缺乏新的吸引力，而且，人们对食品安全越来越重视，对新鲜空气充满渴望。认领禧福农业的土地能让自己在无污染的乡下土地上亲手种植瓜果蔬菜或粮食，既保证了食品安全又体验了真正的农耕乐趣。

（2）利益设计清晰。禧福农业开心农场的地完全免费给会员自主种植，种什么蔬菜粮食也由认养人决定，但是为了保证土地不受破坏和污染，每块地需要缴纳 3 万元的保证金，一年后如果土壤没被恶意破坏，农场会全额退还。地里所种植产出全部归认养人所有，认养人可选择自己前往种植、打理，也可以委托农场职业种植高手免费代为种植、养护和收割。而且，农场的农家小院可供认养人自主生火做饭，旁边天然河道里的鱼虾可供免费捕捞或垂钓，几百棵古桃树形成的果园也可以免费供采摘一定量的生态瓜果，桃树园里的散养鸡和水塘的鸭鹅所产的蛋也供土地认养人免费捡拾。

禧福庄园注重责任，致力于生态食品的生产、销售和生态农业生产模式的回归与发展，使热爱生命、崇尚健康、信赖禧福庄园的会员和顾客不再为食品安全而担忧疑虑，从而真正拥有健康和幸福。

总体来看，禧福庄园能够让消费者的个性化需求得到很好的满足，也使追求绿色健康的消费理念深入人心，为企业带来了丰厚的利润和广阔的发展前景，但是也需注意以下几点。

（1）在该模式的运营中，免费认领农场的人可能不是冲着收成去的，而

① 本案例根据农业行业观察网络平台公开发布的资料（https：//baijiahao. baidu. com/s? id = 1597811168371553413&wfr = spider&for = pc）整理所得。

是为体验、休闲。因此，企业应在农场周边开辟休闲农业项目，在核心业务的基础上适度发展关联性业务，如体验农业、休闲农业和观光农业等。同时，为了提高收成，免费认领农场的家庭用户一定会购买农资产品。农资店的产品会受到家庭用户的疯抢，尤其是有机肥，因此，企业也应该建立相应的业务单元。

（2）同时，生产基地要保证待认养的土地产权清晰、土壤健康环保，才可能减少整个认养环节中出现的不必要纠纷，不损伤企业的品牌形象。

（3）整个生产过程需要全程动态监控，一方面有利于保证各环节农产品的质量安全，确保消费者餐桌上的质量安全；另一方面，能积极引导消费者参与产品的生产过程，了解认养作物的长势情况，享受过程中的快乐。

4.2.2　基于“互联网+”的农产品流通的C2B会员定制模式

农产品的会员定制模式是指通过分析消费者的消费需求、消费结构、家庭可支配收入等特征，将目标会员锁定在大中城市的中层阶级及上层阶级人群，为目标顾客群提供新鲜优质、绿色健康、价格合理的农产品，以提高消费者的满意度，并将其发展为企业的会员。当会员提出需求时，生产者组织生产，并通过自有配送系统或外包冷链配送系统，完成对会员定制产品的快速配送，提高消费者舌尖上的体验和价值感知。图4-5表示的是“互联网+”背景下农产品流通的C2B会员定制模型。①

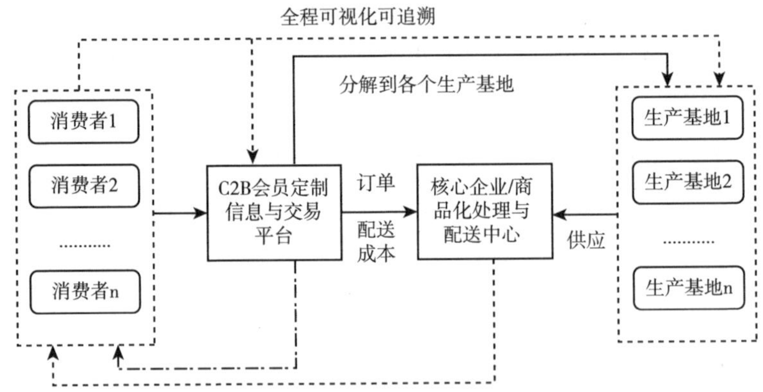

图4-5　“互联网+”背景下农产品流通的C2B会员定制模型

注：⟶表示农产品的物流、价值流动、资金流动、信息流。

① 王成敏，李美羽．基于“互联网+”的鲜活农产品流通模式创新研究［M］．北京：中国财政经济出版社，2020：21.

农产品流通的 C2B 会员定制模式以流通主体为纽带，一端连接着 N 地的消费者，另一端连接着具有区域优势且能够提供新鲜农产品的生产基地。其中，C2B 会员定制信息与交易平台是信息流通的“中枢纽”，会员的定制信息、费用交付、订单信息，套餐选取及会员资格都要基于这一平台进行处理和传输。N 地的核心企业、商品化处理与配送中心将生产基地生产的产品进行有效组合，然后配送到消费者手中，是物流的重要纽带。

位于一线或二线城市的 N 地，有这样一部分消费群体，他们收入稳定，经济基础较好，曾受过较好的教育，具有一定的社会地位，追逐高品质的生活。在食品安全问题频发的情况下，他们愿意支付高出市场价的价格，获得绿色有机的农产品或食品，吃得放心，吃得舒心。农产品的 C2B 会员定制模式在这样的大背景下应运而生。

4.2.2.1 具体流程

（1）核心企业在其 C2B 会员定制平台或 App 上发布会员资格要求、等级服务信息、配送情况、优惠服务、会员福利、售后等套餐信息。一般情况下配货模式分为两种。一是“充值会员 + 预约式配货”：按照企业的规定完成充值，并根据充值金额多少获得一定层级的会员资格并享受一定的会员权利，通过信息与交易平台预约具体的配送时间、地点、数量、价格等，按预约配货，其中当次的订货货款从会员充值金额中扣除。二是“年卡 + 套餐类”：会员可以通过信息与交易平台购买年卡成为年卡会员，于每个月的特定时间在平台上选择当月的配送套餐，确定后，流通中心企业将按照约定的时间、约定的套餐配送上门。

（2）N 地的中产阶级消费者通过 C2B 会员定制平台，分析各类会员资格和套餐信息后，会结合自身的情况理性选择会员类型、会员层级和套餐类型，并在支付平台支付成功后，成为流通中心企业的会员，享受会员的服务。另外，会员还可以享受公司节日的馈赠礼品、免费参观农场、免费体验采摘等福利。

（3）流通中心企业将回收的会员信息、订单信息及时汇总，并对各地的生产基地下达生产计划和供应计划。各地的生产基地按照下达的生产计划，在规定的时间内，将产品按计划的品种和数量配送到 N 地的配送中心，N 地的配送中心再将这些产品进行分类、筛选、组装、贴标签、刷标志，并按照订单要求包装之后配送至消费者手中。

（4）流通主体会有多个不同的区域市场，不同的区域市场会配套建立不同的配送中心，但是同一个 C2B 会员定制平台，对应统一具有区域优势的生产基地。

(5) 整个“生产基地—生产过程—订单处理—冷链配送—消费者”的供应链条在可视化监控之下，消费者通过手机或电脑终端可以方便地查询每个环节的信息。同时，消费者通过扫描二维码可以清晰查询农产品生产中的具体信息，包括土壤状况、有机肥料的研制及使用等，确保农产品每个环节的质量安全。

(6) 消费者的价值感知。由前面的分析可知，这种会员定制模式的目标群体是中高端的消费者，他们追求高品质的生活和绿色健康的生活方式，也愿意为绿色有机的农产品支付高价格，但是只有当消费者感知到农产品的高品质大于为之支付的各种成本时，消费者才乐意接受这种模式。其中消费者的价值感知来自三点。一是最具优势的生产基地生产的优质农产品，例如，具有地理性标志的宁夏万亩枸杞生产基地，甘肃土豆、百合生产基地，陕西大荔的冬枣、猕猴桃生产基地，阿克苏的冰糖心富士苹果生产基地，山东寿光的北方蔬菜基地，武夷山山地的土鸡、土鸭养殖基地，等等。二是高品质、原生态的生产工艺，例如有机肥料的生产使用和农产品的全过程可视化追溯。三是精益求精的配送服务，使用全程冷链技术，实施“从田间到餐桌”直供会员的服务模式，有助于提升会员满意度，创造更高的口碑效应。

消费者感知的成本来源于两点。一是货币成本，会员在购买定制化绿色有机农产品所产生的高额货币支出；二是时间成本，消费者在众多的流通企业中间进行货比三家、权衡取舍所花费的时间成本及与企业沟通中所花费的时间和精力。

(7) 流通中心企业的经营模式。该模式有一家流通主体，其主要职责是维护好 C2B 会员定制平台，有效协调生产基地、消费者与配送中心之间的关系，制定生产标准、生产计划及产品的交付，制定配送流程及标准，保证定制化产品能够按时配送至消费者手中，进而提高客户满意度与忠诚度。该模式的持续化经营与营利需要注意以下要点。

第一，合理的定价。定制化意味着高成本，虽然该模式的目标群体是中高端消费者，他们具有一定的经济基础和购买能力，但是，他们愿意支付多少来购买优质农产品是一个重要的问题。当定价较高、消费者感知到的价值与成本不相符时，消费者便不会接受公司提供的产品，也不愿意成为会员，直接影响了企业的利润创造。如果定价较低，企业没法达到预期利润水平，没法弥补定制化的高成本，企业便不会提供定制化的需求。因此，会员定制的农产品定价应合理，一般为市场价格的 3 倍。

第二，成本需要长期可持续经营的逐渐分解。尽管会员定制的农产品价格是市场价的 3 倍，但是整个定制化产品的生产过程需要投入大量的成本，如土壤的有机改良、有机农肥的制作和使用等，再加上产量相对较低，以及配送过程中的全程冷链投入，所以成本较高。因此，企业在采用农产品会员定制的运作模式时，应该通过量的积累和长时间可持续经营的逐步分解，实现企业的盈亏平衡。

第三，宣传推广。如何通过体验营销、口碑营销、广告和营业推广，让更多的消费者对企业提供的定制化产品和微会员定制的福利产生浓厚的兴趣，这是企业在成长阶段需要重点突破的问题，也直接影响了投入资本的回收。

第四，制定生产标准和实施流程监控。超消费者心理预期的高品质产品是企业收获更多的顾客满意度和忠实客户的基础，因此，这就需要对生产过程严格把关，制定生产标准和切实可行的生产计划，并落实到每个环节，确保生产的农产品品质卓越。同时，产品的流通过程离不开现代物流技术的支撑，例如，采用物联网技术对每个环节进行全程监控，并保证在流通过程的全程冷链配送，以保证农产品的价值不受到减损。

4.2.2.2 案例分析：多利农庄的 C2B 会员定制模式①

多利农庄成立于 2005 年 6 月，是上海著名的有机蔬菜生产企业，在全国有 11 大有机蔬菜种植基地，自有种植面积 1 万多亩，合作耕种面积 2 万多亩，有机种植总面积达 3 万多亩，产品品类涵盖蔬菜瓜果、肉禽蛋奶、米面粮油、水产海鲜等，目前已服务数百家优质企业以及 10 万多个家庭。截至 2012 年 12 月，多利农庄已获得国内最权威的南京国环有机产品认证中心（Organic Food Development and Certification Center，OFDC）有机产品认证、ISO9001 质量管理体系认证、ISO14001 环境管理体系认证、危害分析与关键控制点（Hazard Analysis and Critical Control Point，HACCP）食品安全管理体系认证以及中国友好农业规范管理体系认证（Good Agricultural Practice，GAP）。2010 年上海世博会期间，多利农庄作为唯一的有机农业参展商，在城市未来馆展现上海都市新农业的风貌。同时，多利农庄也被选为多家世博国家馆餐厅的蔬菜供应商。多利农庄采用先进的“从田间到餐桌”直供会员的服务模式，从土壤的改良培育、有机肥研制、有机植保、产品现代化包装、全程冷链配送等各个环节均有严格的管理和把控。多利农庄与中国联通等企业合作，运用先进的物联网和云平台等技术建设“智慧农庄”，实现有机食品质量追溯和现代农业系统综合

① 本案例根据发表于英脉物流网的生鲜物流案例——《多利农庄分拣配送一体化服务》（https：//www.gml.cn/article/sxwlaldlnzfjpsythfw_1.html）整理所得，同时借鉴了网络公开的多利农庄的简介资料。

管理。

目前，多利农庄已服务数百家优质企业以及10万多个家庭。多利农庄分别在2010年和2011年完成了A轮及B轮融资，来自国际知名股权投资基金共计4 000万美元的风险投资为公司发展提供了坚实的资金后盾。

2012年，多利农庄与自20世纪80年代起便倡导和发展生态农业的北京大兴留民营生态农场强强携手，达成战略合作。利用留民营十余年有机认证的基地和丰富的有机种植经验，结合多利农庄现代化的企业管理优势，先进的蔬菜加工、包装、冷链配送系统，物联网、互联网的深层次应用，可为北京消费者提供品质优异的有机产品。

多利农庄具备规范的有机蔬菜生产流程和高标准的质量管理体系，每个生产环节都严格执行有机蔬菜的国际有机农业运动联盟（International Federal of Organic Agriculture Movement，IFOAM）标准，包括有机农业转化期、土壤改良、水质净化、品种选择、轮作、有机肥制作、灌溉管理、病虫害管理、污染控制、贮藏保鲜和加工、包装与标志、物流配送等。多利农庄正在利用先进的物联网技术实现“生产自动化和可视化，质量保障、仓储保鲜和物流信息化”，为企业规模和集约化发展提供基本条件。

长期以来，多利农庄的都市现代农业发展模式和理念得到了从中央到地方政府各级领导的充分肯定和支持。中国农业农村部批准建立了“上海有机农业工程技术中心”。2012年4月底，多利农庄被农业部指定为首届“全国都市现代农业现场交流会”的主要展示基地之一。在以发展都市有机农业为核心的前提下，多利农庄还积极建设“物联网农业应用示范基地”“低碳农业示范基地”以及“都市休闲观光农业示范基地”，推动我国有机农业标准化、规模化发展，逐渐成为具有国际竞争力的现代农业企业。

多利农庄在运营过程中的农产品会员定制业务逻辑有以下几点。

（1）在运营初期，多利农庄为了提高市场知名度，定期邀请会员和潜在客户参观农场，在除草、钓鱼的同时增加了与消费者的互动，同时还建立了可供旅客留宿的旅社，并准备了一些“偷菜”相关的旅游项目，打造真正的“都市农业”模式。

（2）在种植过程中，在3 000多亩的种植基地，种植的有机蔬菜不施化肥农药，不使用激素，不使用转基因种子，全部使用有机肥料，完全按照自然规律生长，保留农产品口感的“原汁原味”。

（3）在起初的配送过程中，由于产量较少，农庄自己组织车队进行“田间到餐桌”的配送。随着产量的增加，多利农庄开始寻找冷链配送伙伴，开始了与日本黑猫雅玛多宅急便的合作，配送可以覆盖整个上海市区。多利农庄的蔬菜从采摘包装到最后的配送至客户终端，整个流程所用时间不超过 24 小时，保证了农产品的品质。

（4）为了提升用户的满意度和体验感，多利农庄采用物联网技术对每个环节动态监控。通过扫描二维码，消费者可以清楚地查询所购买的蔬菜是如何播种、施肥、采摘、配送的。消费者每个环节“心中有数”，才能吃得“放心舒心”。

4.2.3 基于“互联网 +”的农产品流通的 C2B 的餐饮定制模式

农产品，尤其是蔬菜、禽蛋、水产品等是餐饮行业、食堂的主要原材料。在传统的餐饮行业中，食堂所需的原材料都是有专人从批发市场采购，而在批发市场中，蔬菜、禽蛋、水产、畜类等产品都位于不同区域，归属不同的批发商。餐饮行业对农产品的需求是一种集成化的需求，同时餐饮行业每天、每单的客单量较终端消费者较大，这就会催生餐饮行业的定制化需求。图 4－6 表示的是“互联网 +”背景下农产品流通的 C2B 餐饮定制模型。

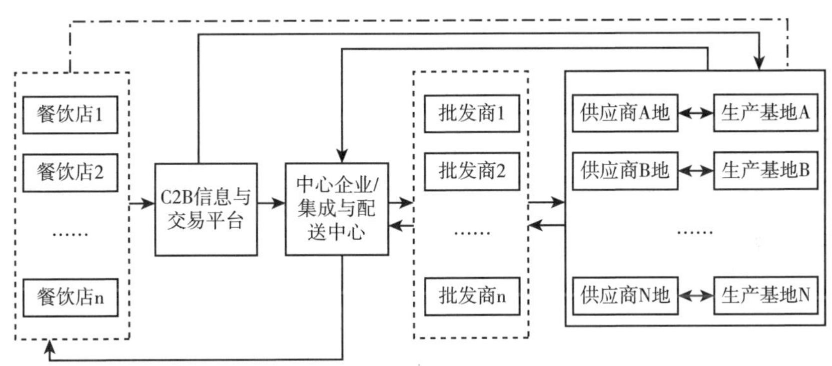

图 4－6 “互联网 +”背景下农产品流通的 C2B 餐饮定制模型

注：⟶ 表示农产品的物流、价值流动、资金流动、信息流。

基于“互联网 +”的农产品流通的 C2B 餐饮定制模式，一端连接着众多的餐饮店或食堂，一边连接着生鲜农产品的批发商、供应商和生产基地，通过这样的连接有效缩短了农产品流通的链条，同时，在不增加成本的情况下满足餐饮店集成式采购的需求。这种模式更适合分布在各地的中小餐饮店或食堂，这是因为大型的餐饮店或食堂的采购量较大，完成一次性采购工作的单位平均成本相对较小，而中小型餐饮店或食堂的采购量较小，且面对的批发市场相对比较分散，因此在采购过程中需要花费大量的时间成本和精力，且采购量有限弱化了其面对分散的批发商时讨价还价的能力。因为有可追溯系统，所以减少了采购过程中的“灰色采购”行为。

4.2.3.1 具体运作流程

（1）位于N地的餐饮店或食堂根据自己的业务需求向某流通中心企业的C2B信息与交易平台下达订单，并支付货款或定金。然后C2B信息与交易平台将各个餐饮店或食堂的订单推送给位于N地的集成与配送中心。

（2）流通中心企业一般情况下通过两种方式实现采购与集成。

第一种是流通中心企业直接通过N地的批发市场实现货物的采购与集成。一般情况下，流通中心企业的集成与配送中心离N地的批发市场较近，通常与N地批发商形成较为稳定的合作关系。各类批发商按照流通主体的订单装配，然后配送给流通中心企业的集成配送中心。集成配送中心按照预定订单上产品的品种、数量在约定的配送时间把农产品配送至各餐饮店或食堂。第二种是流通中心企业与农产品的产地供应商（或种植大户）建立长期稳定的合作关系。而供应商与生产基地一般情况下会结成紧密型或相关型的利益共同体，即“供应商—生产基地”系统。流通中心企业直接对接各地的农产品供应商。流通中心的企业根据餐饮店或食堂的历史订单情况，进行基础大数据分析，给“供应商—生产基地”提交一定时间内的采购计划（包括品种、品质要求、数量、交付时间、基础价格等），并支付一定的定金，待“供应商—生产基地”系统发货后支付其余货款。各地的供应商根据流通中心企业的采购计划向N地的集成与配送中心配货。集成与配送中心依据预订订单配货给各餐厅或食堂。这种稳定的合作关系，对于流通中心的企业来说可以保证农产品的品质；对于供应商来说，意味着具有稳定的合作伙伴，减少了频繁寻找合作企业的成本与精力投入。对于生产基地的农户来说，这种稳定的订单农业减少了农产品滞销的风险，是一种值得借鉴的“农业扶贫模式”。

（3）农产品从“供应商—生产基地”到集成配送中心，再从集成配送中心到各餐饮店的全过程中，实施部分环节冷链、部分环节可追溯。

（4）流通中心企业根据自身所拥有的资源与能力，在多地拓展业务范围，不断完善自身的经营网络，并不断扩大“供应商—生产基地”系统地域、品种与规模，实现各地区业务市场的业务共享、优化调配。

（5）餐饮店的价值模式。餐饮店或食堂在该种经营模式中的收益模式是基于该模式中较为稳定的网络关系的，大大降低了农产品采购中的时间成本、谈判成本、管理费用、经理成本，同时，稳定的合作关系保证了农产品的品质。餐饮店在该模式中投入的成本主要是在信息操作平台上所花费的时间，以及基于大数据平台制定采购预算的成本。

（6）“供应商—生产基地”的价值模式。相对于生产基地与批发商的直接对接模式，供应商和生产基地的对接模式更有利于稳定消费者和生产者，更重要的是按照订单生产，有利于减少农产品滞销的风险，提升种植农户的生产信心，是促进小农户融入大市场及现代农业高质量发展的重要途径。

（7）流通中心企业的运营模式。首先，该模式的农产品来自“供应商—生产基地”系统，中心企业基本不控制生产过程，而是直接与“供应商—生产基地”系统对接订货品种、标准和数量。这种契约式的合作关系优点是流通中心企业不用承担生产环节的流通资金，有利于将有限的资金应用到拓展业务网络和系统优化；缺点是没法从根本上控制生产过程的质量问题，所以这种模式下提供的农产品能满足大众餐饮店对农产品的品质需求，但是更高品质的需求很难达到。其次，一个地区餐饮店的数量是模式中心企业成功和可持续经营的核心，因此，要提高餐饮店的满意度和忠诚度，以下环节缺一不可：一是“供应商—生产基地”系统提供的农产品质量要符合或高于餐饮店的要求；二是同类农产品的价格与批发市场持平或略高；三是必须按照与餐饮店的约定时间及时配送；四是负责餐饮店或食堂的营销人员与服务人员的服务要到位。这就需要中心流通企业构建强大的高素质营销队伍，完善物流配送体系，提升物流配送水平，最后整合传播模式。为餐饮店或食堂提供品质优秀、价格合理、配送及时、服务周到的农产品，有助于提升现有餐饮店的满意度，进而通过口碑效应，为流通中心企业带来更多的合作伙伴。

4.2.3.2　案例分析：美菜网 C2B 餐饮定制①

2014 年成立的美菜网，2018 年就选入全球 16 家独角兽榜单，由硅谷全球数据研究机构 PitchBook 评选，2018 年 9 月估值就达到 70 亿美元，短短五年的发展已经是中国餐饮供应链杰出服务商，被戏称为“中国超级独角兽”。美菜网一直致力于用互联网思维去改变中国现代农业和餐饮供应链，以独有的“两端一链一平台”② 模式，创新升级农产品供应链，提高流通效率，让利两端，专注为全国近千万家餐厅提供全品类、全程无忧的一站式餐饮食材采购服务。近年来，美菜网保持快速增长势头。美菜网为了一个不变的承诺——让老百姓生活更简单，前期以中小型餐饮商户为切入点，专注为全国近百万家餐厅提供一站式、全品类且更低价和更新鲜的餐饮原材料采购服务，为客户提供省

① 本案例根据发表于新华网的《美菜被授予“2020 中国乡村振兴服务典范企业”》一文及美菜网官网（https：//www. meicai. cn/#/）资料整理所得。

② “两端”是指客户端、生产端，“一链”是指供应链，“一平台”是指美菜商城。

时省力、省钱省心的原材料，实现全程无忧的采购，通过对采购、质检、仓储、物流等流程进行科学精细化的管理，解决农民农产品滞销问题。同时，美菜网积极服务于国家脱贫攻坚战略，实施了“美菜SOS精准扶贫全国采购计划”、最美菜公益基金、美菜SOS精准扶贫专区、“一村一品”扶贫活动等系列行动，形成了“美菜即扶贫，救急又救穷”的扶贫文化和“帮乡亲，扶产业，暖人心”三位一体的脱贫举措，扶贫成效十分显著，得到了各地政府、企业、农民合作社和种植大户的广泛认可。为保证产品品质，美菜网坚持餐饮食材源头直采，压缩中间流通环节，降低损耗，食材由田间地头直达餐厅后厨。同时，美菜网完善食品安全管控体系，实行高标准严审核和细节化管理确保商品品质。为了确保让消费者以合理的价格购买质量较好的产品，美菜网精简繁冗的中间渠道，降低商户供应链成本。食材新鲜低价，大大节省了商户采购成本，省钱又省心。在终端配送方面，美菜网提供一键下单送货上门服务，如“110极速达”，用户可以在晚11点前下单生鲜商品，商家会在第二日上午10点前送达。另外，依托精准大数据分析及优势资源，平台会提供店铺转租、商机加盟等信息，全方位解决餐饮难题。

通过上述分析，我们可以看出美菜网的运营策略主要体现在以下几点。

（1）别具一格的“两端一链一平台”。两端指的是农产品与餐厅，一链说的是互联网，而平台自然就是美菜网。以互联网把田间地头与餐饮商户链接起来，去除中间的流转环节，减少流通时长，降低损耗，大力发展源头直采。美菜网的这种运营模式不仅能更好地保存产品的质量，还降低物流流通成本。美菜网坚持从采购到品质控制，再到仓储、车队、物流都自己来做，打造自己的生态供应链体系，从而建立稳固的城墙；同时，通过信息技术确保时效性和标准化，通过过硬的信息技术对仓储物流进行全面流程信息化监测管理，可有效提升现场作业效率。信息化技术一方面可以减少人工成本，另一方面减少了人为漏出，为平台记录大量交易库储物流数据，便于市场分析。

（2）强化农产品质量与安全管理，不断完善配送体系。从2012年开始，生鲜电商的快速发展同时也加剧了行业的竞争，美菜网在这次竞争中能稳步发展，得益于它对食品安全与质量领域的严格管理，再加上它丰富的商品种类和优良的服务；目前，美菜网拥有70多个仓储中心，在52个城市都有建立，配送业务覆盖了全国200多个城市，日包裹处理量超过了520万，日配送量超15 000次，配送车辆有17 000多辆。

（3）优化农产品供应链，优化资源配比，助力农民增收。美菜网为中小型餐厅提供食材采购和配送服务，服务的主要流程是采购员采购、仓储、商品品控、物流配送、售后等多个环节，全程精细化管理控制，从而改变现有农产品供应链，整合物流资源与产品资源，直接面对生产地，对接生鲜食材、原料加工等生产商和农业基地。这样的业务模式从一开始就可以提高农民收入，减少压货危机，为农民降低损失，对商户来说缩短了流通环节，降低了采购成本，减少供了应链人力资源消耗，合理进行了资源配比。美菜网研发的大数据系统，有助于农户及时便捷地了解农产品价格，为农户提供经营管理及决策服务。美菜网还能帮助农户增产增收，避免农产品货不对市的问题，准确地将市场需求反馈给农民，指导农民生产、建立产地标准。

(4) 开展业务合作，追求互利共赢。美菜网做大做强离不开与各大企业的业务合作，目前，美菜网已经与联合利华等企业建立了合作共赢关系。这一决策，在扩大供应链的同时，也推动了产业链整合，以销定采，降低食材采购成本。为使美菜生鲜配送更快、更好地发展，蔬东坡的 ERP 软件，专业针对美菜网在配送过程中存在的问题，为其提供了运营解决方案，助力美菜生鲜配送。

4.2.4 基于“互联网 +”的农产品流通的 C2B 的大规模定制模式

4.2.4.1 大规模定制的含义

国外学者首先开始了对大规模定制这一生产模式的研究。1970 年美国未来学家阿尔文·托夫（Alvin Toffler）在 *Future Shock* 一书中提出了一种全新的生产方式的设想：以类似于标准化和大规模生产的成本和时间，提供给客户特定需求的产品和服务。1987 年，斯坦·戴维斯（Stanley M. Davis）在 *Future Perfect* 一书中首次将这种生产方式称为大规模定制（mass customization，MC）。1993 年 B. 约瑟夫·派恩（B. Joseph Pine II）在《大规模定制：企业竞争的新前沿》一书中写道：“大规模定制的核心是产品品种的多样化和定制化急剧增加，而不相应增加成本；其范畴是个性化定制产品和服务的大规模生产；其最大优点是提供战略优势和经济价值。”大规模定制是一种集企业、客户、供应商、员工和环境于一体，在系统思想指导下，用整体优化的观点，充分利用企业已有的各种资源，在标准技术、现代设计方法、信息技术和先进制造技术的支持下，根据客户的个性化需求，以大批量生产的低成本、高质量和效率提供定制产品和服务的生产方式。

我国学者祁国宁教授认为，大规模定制是一种集企业、客户、供应商、员工和环境于一体，在系统思想指导下，用整体优化的观点；是充分利用企业已有的各种资源，在标准技术、现代设计方法、信息技术和先进制造技术的支持下，根据客户的个性化需求，以大批量生产的低成本、高质量和效率提供定制产品和服务的生产方式。另外，香港科技大学的曾明哲（Mitchell Tseng）认为，大规模定制实际上是顾客和企业在产品设计、生产、制造以及服务等产品全生命周期中的协同行为，借以产生高附加值产品，为企业增值（Chen et al.，2009）。综上所述，MC的基本思路是基于产品族零部件和产品结构的相似性、通用性，利用标准化、模块化等方法降低产品的内部多样性，增加顾客可感知的外部多样性，通过产品和过程重组将产品定制生产转化或部分转化为零部件的批量生产，从而迅速向顾客提供低成本、高质量的定制产品。

大规模定制（MC）的基本思想是通过产品结构和制造流程的重构，运用现代化的信息技术、新材料技术、柔性制造技术等一系列高新技术，把产品的定制生产问题全部或者部分转化为批量生产，以大规模生产的成本和速度，为单个客户或小批量多品种市场定制任意数量的产品（Pine et al.，1993）。

4.2.4.2 农产品流通的C2B的大规模定制模式

大规模能够有效降低成本，定制化又可以兼顾消费者的多样性需求，该模式兼收并蓄二者的优势，可以平衡规模化带来的产品同质性与定制化产生的高成本，被广泛应用到各产品的生产过程中。大规模定制在农产品流通中体现如下：通过大数据等手段将信息搜集汇总，对多个或一类消费者的需求或购买偏好进行深入分析，以此为依据，对农产品进行大规模定制与生产。C2B的大规模定制模式本质属于聚合需求定制。图4－7体现的是基于“互联网＋”的农产品流通的C2B的大规模定制模式。

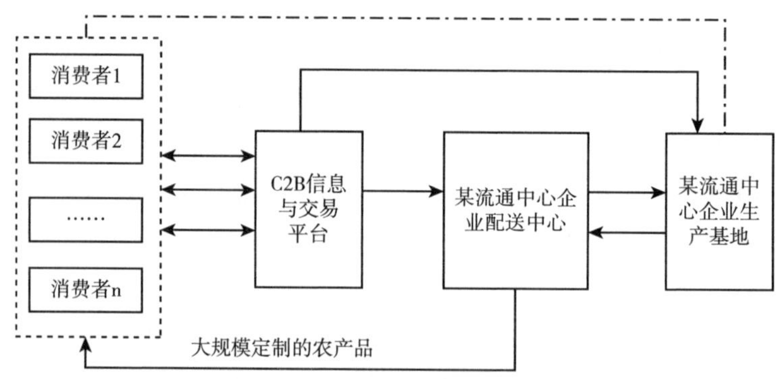

图4－7 基于“互联网＋”的农产品流通的C2B的大规模定制模式

注：⟶ 表示农产品的物流、价值流动、资金流动、信息流。

不同消费群体对农产品的需求具有差异性。例如：中高端消费者对农产品的需求可能是侧重有机、绿色、安全、健康、新鲜、原汁原味等；一些年轻的消费者对农产品的需求可能会偏向新鲜有趣、口感独特等。中心企业基于大数据平台，对消费者的需求偏好进行深度挖掘和整合，以此作为农产品规模化定制的依据。

（1）中心企业通过 C2B 信息与交易平台等途径调查不同消费者群体对农产品的需求偏好，消费者的需求偏好经过深度整合后通过信息传输渠道反馈给 C2B 信息与交易平台中心企业。前面的模式所面对的消费者在地域上相对集中，以方便配送中心的配送，而大规模定制模式所面对的消费者属于消费需求相同或相近的，但他们很可能不在同一区域。

（2）中心企业根据整合处理的消费者偏好信息，制订科学的生产计划与供给计划（包括农产品的品种、数量、基地、品质要求、品类等），然后再将生产计划传输给中心企业的生产基地，并指导生产基地按照生产计划所需的生产技术和流程管理进行生产。生产基地将生产出的产品配送至中心企业的配送中心。

（3）C2B 信息与交易平台通过各种信息渠道，聚焦和深度整合消费者的需求信息，并进行产品的定制化生产，同时根据消费者的关注、兴趣合理引导消费者的需求。有需求的消费者需要通过 C2B 信息与交易平台订货并支付货款。C2B 信息与交易平台将订单信息推送给中心企业的配送中心，配送中心通过自行配送或交予第三方配送来完成将定制的农产品交付消费终端的指令。

（4）针对不同农产品的特性，该模式实施全程冷链配送、保持全程可追溯。

（5）消费者的价值感知。该模式的农产品生产模式是基于对消费者需求的深度挖掘，根据需求偏好定制产品，因此提供的农产品更符合消费者的需求，让消费者感觉到无论是核心产品、形式产品、期望产品、附加产品等都值得期待和购买。消费者感知的成本来自比市场上的农产品支付成本略高的货币成本。

（6）生产基地的价值模式。通常生产基地有两种方式：一是中心企业通过租赁土地来进行定制化农产品的生产，并向承租方支付一定的租金；二是与分散的农户或农场签订协议。第二种形式的生产基地的价值表现得更为显著，也是发达国家通常采用的经营模式。该种模式具有较稳定的订单，减少了小农产分散生产带来的风险与产品质量的良莠不齐，同时也更有利于现代农业技术与农艺技术的规模化应用。该模式成本较低，生产的农产品质量更好。

（7）流通中心企业的经营模式。主要表现在以下几点。第一，品质控制是流通中心企业经营的重要任务。在整个农产品的流通过程中通过两个环节来对农产品的质量加以控制。一是基于大数据的信息搜集、筛选、分析和反馈要准确，对消费群体的核心消费诉求要“精准号脉”；二是对生产基地的生产和管理要严格把控，严格按照大规模定制计划的各项生产计划，并利用物联网等技术，对生产过程进行全程控制和追溯，确保农产品的质量安全。第二，价格模式。该种模式的农产品定价应该低于零售店、专卖店价格的20%，但需高于市场价格。第三，整合传播模式。该模式需要通过如下途径与消费者沟通：一是基于C2B信息与交易平台的广告和公关关系，让更多的消费者认知；二是通过直播等模式吸引更多的消费者关注，例如，新冠肺炎疫情期间，薇娅直播间就通过直播让贫困地区的优质农产品能够被更多的消费者关注。第四，成本管理和控制。该模式的成本主要表现在生产成本与配送成本，通过对定制化环节成本的科学管理与控制，提升企业的盈利水平。

4.2.4.3　案例分析：海尔卡奥斯大规模定制赋能农业①

2019年9月，海尔卡奥斯亮相中国农民丰收节“千企万品助增收”活动。作为全球首个用工业大规模定制思维赋能农业的平台，卡奥斯全方位展示了从农田到餐桌的全流程定制解决方案，助力农民增收，推动乡村振兴，获得与会领导专家的高度认可，并荣获2019中国农民丰收节“千企万品助增收”活动特殊贡献奖。

近年来，在国家乡村振兴战略的号召下，卡奥斯积极创新，用工业大规模定制“以用户体验为中心”的思维赋能农业，推出农业物联网生态品牌平台海优禾。实现农产品从田间地头到餐桌的零距离，解决农业痛点问题，既能让农民卖得多、卖得快，实现优质优价，增产增收，也能让用户一键定制健康生活，买到安全放心的农产品。海优禾改变了过去传统的产销模式，创新了线上线下融合的模式。线上一键定制使得用户可以在平台定制自己的健康解决方案时，进行创意交互，从而衍生出新品种，比如大蒜衍生出大蒜糖。用户在线下将农资采购、农机互联、土壤改良、种植等环节链接起来，通过海优禾的平台能力和生态资源，可实施全流程追溯和质量认证。该模式解决了传统农业信息化程度低、产销模式不完善、品牌价值缺失、品质安全难监管的行业难题。

为帮助“千企万品”实现增收，海优禾使用物联网、卫星遥感、诚信溯

---

① 本案例根据发表于互联网周刊的《大规模定制赋能农业，海尔COSMOPlat亮相中国农民丰收节》一文整理所得。

源、品牌赋能等智慧农业解决方案。在增产保质方面，海优禾大棚大田物联网解决方案会依托部署在农业生产现场的传感节点、智能化设备（水肥一体机、采摘机器人、无人机等)，利用 AI、互联网、物联网、云计算和大数据技术，结合专家远程指导，为农业生产提供精细化种植、精准施肥、病虫害监控、可视化管理、智能化决策服务，帮助农民科学种植、规范化作业，从而提高作物产量、保障农产品质量。

海尔卡奥斯大规模定制农产品的运营对策表现在以下几点。

(1) 利用信息技术，动态监控生产环节，保证农产品质量安全。春播时节，卡奥斯旗下海优禾携手佳格天地，集合卫星遥感、AI、大数据分析等技术，适时推出春耕备耕“战疫”服务平台，帮助农业生产者实现足不出户了解春耕进展，安排春耕备耕农事，助力各地政府农业分管部门把握春耕时机，抗疫不误农时。[①] 该平台包括战“疫”播种区、春耕风险预报以及备耕气象趋势三大功能板块，不仅可以预测、可视化展示播种适宜区域，还可以预报春耕常见气象灾害和预测作物的生育期和长势发展，为农业生产者提供备耕决策。该平台可实现种植端人工智能病虫害防治、智能水肥管理、大田/大棚物联网、智能精准变量无人机植保等；品质方面，在海优禾的帮助下，寿光恒蔬无疆制定了新冠肺炎疫情期间更严格的蔬菜品质管理标准，进行科学种植。专家通过平台的物联网技术，采集土壤成分、降水量、农作物生长环境等数据，指导适宜的灌溉及施肥等。该平台在确保基地内部各项安全管理措施到位的情况下，要保证产品从基地到餐桌，还需经过 48 项农残检测，层层把关，品质有保障。

(2) 建立敏捷供应链，提高流通效率，降低损耗。时效方面，海优禾协助企业建立了供应链快速反应机制。企业通过海优禾复产增销服务平台，进行资源对接，为农户与农企提供农资采购、农机租赁和农技咨询服务。基地新鲜农产品经过 36 小时冷链运输，快速到达用户餐桌，实现供应链整体效率提升，损耗降低 5%。

(3) 智能化服务消费者，提高客户满意度。用户需求方面，企业根据海优禾用户大数据，整合用户需求，快速定制健康蔬菜套餐，精心挑选，打包售卖。用户通过海优禾小程序方式线上下单，线下配送到家，足不出户享受新鲜蔬菜；也可以在社区智能生鲜柜用手机扫码开柜，自主购买，智能称重，自动结算。通过海优禾平台，用户还可实时查看蔬菜的全流程溯源信息，这也让企业销量提升了 20%。

---

① 根据发表于新华网的《卡奥斯 COSMOPlat 助农春耕备耕、复产增销》一文整理所得。

(4) 线上线下协调配合，助力智慧农业健康发展。目前海优禾平台已服务120多万亩农场，覆盖287个品类，涉及粮食、蔬果、水产及肉禽四大领域。卡奥斯将工业大规模定制模式复制到农业，一端连接基地，一端连接用户，通过线上线下融合的方式，发展智慧农业和提供农产品健康解决方案，实现了农田到餐桌的零距离。在供应链端，其提供原粮仓储加工、物流运力匹配等服务；在用户端，提供地标特产定制、社区生鲜定制、企业农产品基地规模定制、农产品诚信溯源等服务，有效打通各生态方，解决农产品难卖问题和用户对食品的健康安全需求。

4.2.5 基于“互联网+”的农产品流通的C2B的综合定制模式

4.2.5.1 各定制模式的逻辑模型

随着经济和科技的发展，流通中心企业的业务模式也从单一走向多元经营模式融合发展，将多种业务模式进行有效整合，以维持其持久的经营能力，综合定制模式应运而生。在消费端，流通中心企业可能会面对不同的消费群体，提供具有差异化的农产品；在生产端，基于消费群体的差异性，采取不同的生产模式和供给模式，以满足不同消费群体的需求。图4-8表示的是基于“互联网+”的农产品流通的C2B的综合定制模式。

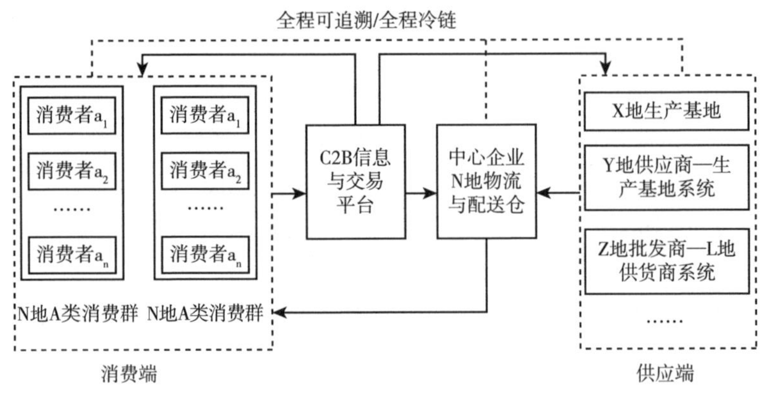

图4-8 基于“互联网+”的农产品流通的C2B的综合定制模式

注：→表示农产品的物流、价值流动、资金流动、信息流。

(1) 中心企业的特征及运作模式。一般情况下，中心企业的实力较强，业务板块多元，行业内运营经验丰富，其面对不同类别的消费群体，深度研究不同消费者的偏好和需求，并提供不同的产品，采用不同的运作模式。其运作模式主要表现在以下几点。

第一，农产品质量的控制模式。该模式通过对源头生产基地、“供应商—生产基地”系统、“销地批发商—产品供应商—农户”等系统的全程可追溯，实现对源头生产环节的质量把关；同时在生产基地向中心企业进行物流配送过程中采用全程冷链，确保运输过程中农产品的价值不减损。

第二，产品的定价模式。该模式根据不同产品的品质水平并结合市场情况进行定价，一般情况下与商超同类商品价格持平。

第三，整合传播模式。该模式通过网络、电视、公交广告、社交媒体、口碑相传等方式让更多的消费者了解 C2B 信息交易平台以及平台提供的多样化的产品和服务。

第四，成本控制模式。该模式的成本主要体现在原料成本、商品化处理成本、宣传推广成本、冷链配送成本、运输过程中的价值损耗、订单处理所花费的时间成本等。该模式在导入期时，宣传推广成本较高，但是售价也相对较高，基本能达到盈亏平衡；当进入成长期和成熟期时，该模式有相对稳定的客户群体，信息整合、订单处理等成本较前期有所下降，随着需求量的增长，为企业创造稳定的现金流，以维持企业持久的盈利能力。

（2）中心企业通过 C2B 信息与交易平台、社交媒体、网络广告、公共关系、口碑相传等多种宣传推广方式向各类目标顾客群传播中心企业的理念、产品、服务等信息，激发消费者的购买欲望。

（3）对 C2B 信息与交易平台传播的产品、服务感兴趣的消费者，通过注册、付费成为企业的会员，在平台上选择自己所需要的套餐，与中心企业之间形成稳定的合作关系，或者向 C2B 信息与交易平台下单并付费成为中心企业的消费者。

（4）C2B 信息与交易平台将订单推送给中心企业的物流与配送中心，同时汇总分析形成生产计划和供货计划并提供给相关生产基地。

（5）生产基地按照生产计划组织生产，按供货计划配货给中心企业物流与配送中心。

（6）中心企业物流与配送中心对生产基地配送的产品进行商品化处理，并按照订单要求尽心分拣、组配、包装成顾客所需要的产品组合，并按照订单要求的配送时间和地点，完成向消费终端的产品配送。

（7）该模式面对的消费顾客群是中高端消费者，因此对农产品的品质要求更高，所以全程采用冷链和可视化追溯，以确保农产品的质量安全，提高消费者的满意度。

（8）消费者的价值感知。在消费者感知的收益方面，配送给消费者的农产品都是根据需求定制的，其安全性、质量、口感、外观都是属于中高等级的，定制中高端农产品可以给消费者带来心理的满足感，更重要的是农产品的安全性能带给消费者及家人安心和舒心，因此，该模式具有较高的消费者价值感知。消费者感知成本是指消费者为定制化的产品所支付的价格，以及为了解交易平台的产品和服务所付出的时间成本和精力。

（9）生产基地的价值。生产基地以更加合理的价格提供给中心企业订单产品，通过稳定的订单获得较为稳定的收入和利润。同时，生产基地的生产是基于生产计划与供货计划的，消费者的多样性和高品质需求对生产基地不断改进生产技术和方法以提高配送效率提出了更高的要求。

4.2.5.2　案例分析：沱沱工社的C2B综合定制模式①

沱沱工社始创于2008年。创业团队出于强烈的责任心，希望能为更多的中国人提供安全的食品，于是以有机农业为切入点，建立起从事“有机、天然、高品质”食品销售的垂直生鲜电商平台。凭借雄厚的资金实力，沱沱工社整合了新鲜食品生产、加工、网络销售及冷链日配等各相关环节，成为中国有名的生鲜电商企业之一，满足了北京、上海等一线城市的中高端消费者对安全食品的需求。沱沱工社自建有近万平方米集冷藏、冷冻库和加工车间为一体的现代化仓储配送物流中心，采用冷链物流到家的配送运作模式，将新鲜的食品精准交付给消费者。

沱沱工社整合了全球食品行业优质的供应资源，致力于向中国消费者提供具有质量和信誉保障的高端食品和生活用品。从商品组织、供应商评估到物流配送，沱沱工社确保每一件送达客户手中的正规商品均经过沱沱工社层层把关。沱沱工社致力于满足消费者更多细微需求，帮助城市白领家庭找到自己偏爱的生活方式，为消费者供应包括农场直送的新鲜蔬果、特色美味、母婴营养搭配、有机美食、生活必需品等在内的16个大类共上万种商品。

沱沱工社拥有集冷藏、冷冻库和加工车间为一体的现代化仓储配送物流中心，采用冷链物流到家的配送运作模式，承诺将新鲜的食品精准交付给广大消费者。沱沱工社承诺，所售新鲜食品3天内如有质量问题，无条件退货！沱沱工社通过构建有机种植、严格采购、电商模式与冷链配送为一体的健康产业链，首次实现了农业电商从源头到消费者的全程安全管理体系，凭借其安全可靠的品质，沱沱工社已成为一家具有“北京蔬菜供港资格”的农业电商。除了自有平台之外，沱沱工社已经与京东、盒马鲜生等生鲜平台合作，为其提供

① 本案例根据沱沱工社官网（www.tootoo.cn）资料整理所得。

高品质的有机农产品，如肉蛋、蔬菜等品类；同时联合在河北、内蒙古、云南、海南等地的20余家农场建造了新的生产基地，为不同农作物提供各自所需的自然条件，目前生鲜类SKU达1 000余个。另外，沱沱工社斥巨资在北京平谷自建了1 050亩的种植大棚，自营种植有机蔬菜，养殖有机家禽、家畜。此后，为了保证有机蔬菜的新鲜，自建农场后需要一个信得过的配送机制，沱沱工社相继又投资5 000多万，建立自营配送中心和冷链物流体系。

沱沱工社的经营对策剖析如下。

（1）重数据，轻感性。在传统行业一个很常见的现象就是企业经营者在决策的过程中，很多时候是凭借自己多年来的经验感觉在做决策，而沱沱工社决策的主要依据是数据。整个团队用IT的方式、数据化管控的方式、精细化管控的方式把风险降下来，通过一套紧密的数据分析计算工具，来实现科学决策。同时，他们形成了新的农业种植计划，然后3～6个月调整一次，生产计划细分到每一天要产多少。[①] 不仅如此，沱沱工社还根据市场情况“逆天”改变现有种植计划。

（2）精细化运营，搭建自己的生态养殖系统。在前面数据工作取得进展后，沱沱工社在日常运营过程中以每周、月、季度分析会的形式来判断工作进度和完成情况。分析会主要针对商品讨论，还有利润、损耗等情况，把这些要素连动起来，掌控市场节奏，判断是否要放量，是不是要换渠道。在营销推广方面，沱沱工社并没有做大面积投放，而是根据自身特点和市场承受能力，线上做精准投放，线下营销通过农场会员活动和社区活动进行，比如，在农场组织活动，会员在周末可以参加，类似农家乐，让他们体验和感受有机农产品；社区活动针对企业用户，给他们的员工做营养课程培训等。如此一整套运营体系，成本节制的效果最为明显，用户转化、留存度以及复购率颇为可观。为了降低损耗，沱沱工社把零售业的库存考核直接引入到生鲜电商库存管理中去，当这个商品是叶菜的时候，市场就是3天，过了1.5天后马上处理，开始变价和打包，这是他们缩短库存管理的重要手段。

在节约资源、降低损耗方面，沱沱工社正在做“立体工程”的尝试，在水系改造后，鱼塘可以用来养鱼、螃蟹，水面则可养鸭子。另外还有一个“立体化循环经济”的工程，在其损耗比较高的时候，他们直接把这些废料做成饲料，喂鸡、猪等禽类和兽类。残渣倒进发酵池用来做沼气，用完了还可以喂蚯蚓、当叶肥。如此经历好几个循环，一是做到生产端跟销售端做连供，二是做到库管总体预警。但这一生态养殖系统的有机产品产出有限，主要提供

① 根据李清乐的《生鲜电商沱沱工社“逆天”成长记》一文整理所得。

VIP 客户和自己员工福利，并未市场化。

（3）要优质用户，不盲目促销。除了独立 B2C 平台外，沱沱工社还入驻了天猫、京东这些第三方平台，并成为这些平台生鲜类目中的佼佼者，时常会被邀请参加促销活动，效果也很不错。尽管如此，在做了几次后，沱沱工社主动叫停了，同时多次拒绝了第三方平台的促销邀请，主要原因是沱沱工社认为客户不够优质。因此，沱沱工社主攻中产阶级以上的消费群体，他们对生活有高品质要求态度，将会为企业带来更多的利润。

4.3　O2O 概述

4.3.1　O2O 的含义及特征

4.3.1.1　O2O 的含义

线上到线下（online to offline，O2O），是指将线下的商务机会与互联网结合，让互联网成为线下交易的前台，这个概念最早来源于美国。O2O 的概念非常广泛，只要产业链中既可涉及线上，又可涉及线下，就可通称为 O2O。

4.3.1.2　O2O 的特征

（1）O2O 模式的核心是在线支付。这不仅仅是因为线上的服务不能装箱运送，更重要的是快递本身无法传递社交体验所带来的快乐。但如果能通过 O2O 模式，将线下商品及服务进行展示，并提供在线支付“预约消费”，这对于消费者来说，不仅可以拓宽选择的余地，还可以通过线上对比选择最令人期待的服务，以及依照消费者的区域性享受商家提供的更适合的服务。但如果没有线上展示，也许消费者会很难知晓商家信息，更不用提消费二字了。另外，正在运用 O2O 摸索前行的商家们，也常会使用比线下支付要更为优惠的手段吸引客户进行在线支付，这也为消费者节约了不少的支出。

（2）O2O 模式充分利用了互联网跨地域、无边界、海量信息、海量用户的优势，同时充分挖掘线下资源，进而促成线上用户进行线下商品及服务的交易。

（3）O2O 模式打通了线上线下的信息和体验环节，让线下消费者避免了因信息不对称而遭受的“价格蒙蔽”，同时实现线上消费者“售前体验”。

（4）O2O 模式可以对商家的营销效果进行直观的统计和追踪评估，规避了传统营销模式的推广效果不可预测性，O2O 将线上订单和线下消费结合，所有的消费行为均可以准确统计，进而吸引更多的商家进来，为消费者提供更多优质的产品和服务。

（5）O2O 把网上和网下的优势完美结合，通过网购导购机，把互联网与地面店完美对接，实现互联网落地。该模式让消费者在享受线上优惠价格的同时，又可享受线下贴身的服务。另外，O2O 模式还可实现不同商家的联盟。

（6）运行良好的 O2O 模式，将会达成“三赢”的效果。对本地商家来说，O2O 模式要求消费者在网上支付，支付信息会成为商家了解消费者购物信息的渠道，方便商家对消费者购买数据的搜集，进而达成精准营销的目的，更好地维护并拓展客户。通过线上资源增加的顾客并不会给商家带来太多的成本，反而带来更多利润。此外，O2O 模式在一定程度上降低了商家对店铺地理位置的依赖，减少了租金方面的支出；对消费者而言，O2O 提供丰富、全面、及时的商家折扣信息，能够帮助快捷筛选并订购适宜的商品或服务，且价格实惠；对服务提供商来说，O2O 模式可带来大规模高黏度的消费者，进而能争取到更多的商家资源。掌握庞大的消费者数据资源且本地化程度较高的垂直网站借助 O2O 模式，还能为商家提供其他增值服务。

4.3.2 O2O 的运作逻辑

O2O 的业务逻辑指的是以消费者为逻辑起点，以满足消费者的需求为逻辑终点，采取线上线下一体化的运作模式。具体运作模式如下。

由图 4-9 可知，消费者从以下途径接受 O2O 主体企业的整合信息：中心企业的 O2O 线上平台、O2O 线下实体店和其他的传播方式。消费者通过传播的信息，对中心企业的产品或服务产生需求，可以通过线上交易并付款或线下实体店直接交易。如果用户通过 O2O 线上平台订货并支付款项，O2O 的线上平台将订货信息推送给 O2O 线下店（实体店），由 O2O 线上店（或实体店）配货给顾客，或者顾客自提。消费者在购买产品或服务后，通过购买渠道或其他方式向中心企业反馈对产品或服务的感受，从而形成一个环闭的消费回路。

同时，O2O 线上平台综合销售信息，并结合大数据分析，将订货信息传递给各地生产者，并形成生产订单，生产者按照订单生产出产品，并配送给各个城市的城市仓，城市仓再按照订单配送给各 O2O 线下实体店（体验店），从而形成一个供给闭环。

由 O2O 业务的总体逻辑可以看出，该逻辑模式图由订单流、物流、资金流和信息流组成。

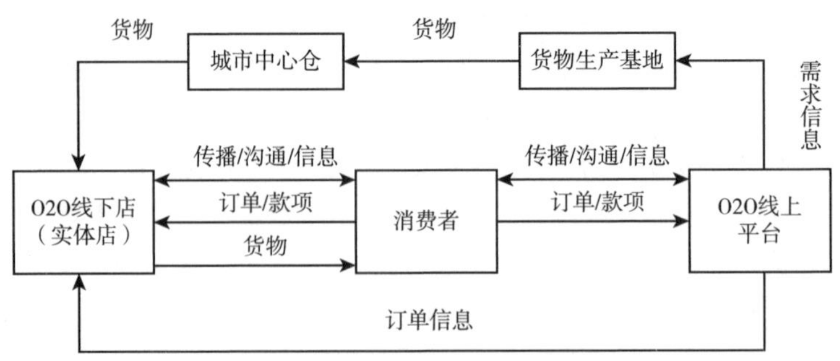

图4-9 O2O业务逻辑示意

注：⟶表示农产品的物流、价值流动、资金流动、信息流。

（1）订单流。这是O2O系统中围绕着商品筹措、订单管理和交易管理的信息流动，其价值是线上线下的统一，中心企业全渠道统筹订单管理和流动。其包括两个部分：一是O2O层面上的商品，即电子化的商品，包括二维码、电子货架、商品详情页等；二是全渠道订单管理，消费者下单，O2O系统统一分单和配单，通过订单的获取、管理、分配、补货、追踪、履行和结算等环节实现可视化管理。

（2）资金流。这是在O2O交易过程中或交易过程完成后的资金流动，它是实现商品所有权转移过程的必要条件。网络支付和移动支付是O2O资金流动的关键，在整个流通环节中占有重要地位。在O2O平台中，资金流不仅仅是在传统业务中的资金往来，更重要的是可以结合互联网、移动支付等的特点，实现货币资金和虚拟资金往来融合的模式，实现线下支付、移动支付、社交支付等方式的无缝对接。

（3）物流。这是指订单货物在空间上的物理性移动，通过空间位移创造更高的时间效用和空间效用。这是消费者获得更高价值感知的基础，同时在物流的空间位移的过程中，缩短时间差可以达到快速高效、保质的效果，从而提升消费者对农产品的价值感知。O2O的物流运作包括极速配送、库存管理、及时补货、物流可视化管理等。当然，物流的运作离不开现代物流信息技术的支撑，例如物联网技术、GPS定位技术等。

（4）信息流。在以上的"四流"中只有信息流是双向的，是指消费者无论是通过线上还是线下交易，都是基于一定的信息和数据。将这些碎片化、大容量、非结构化的数据进行筛选加工可以用来指导消费者的购买决策，这是一个基于O2O大数据的信息正向流动；同时，当交易完成后，消费者还可以通过购买渠道或其他方式对购买的产品或服务进行评价和反馈，有助于中心企业更深入地了解消费者的满意度和购买偏好，从而可以更加科学地指导中心企业的生产，这构成了信息流通的逆向回路。

4.4 基于“互联网+”的农产品流通的 O2O 模式

与构建 C2B 的基本思想一样，基于“互联网+”的农产品流通的 O2O 模式以消费者需求为导向，同时兼顾消费者的价值感知和购买成本、生产者的价值及中心企业的运营价值。利用互联网的思维和互联网技术，构建农产品流通的 O2O 模式，可以实现线下线上优势互补，提升消费者的价值感知，降低农产品流通的成本，保障农产品的质量安全。基于此，本章提出了基于“互联网+”的农产品流通的 O2O 模式的基本思想，如图 4－10 所示。

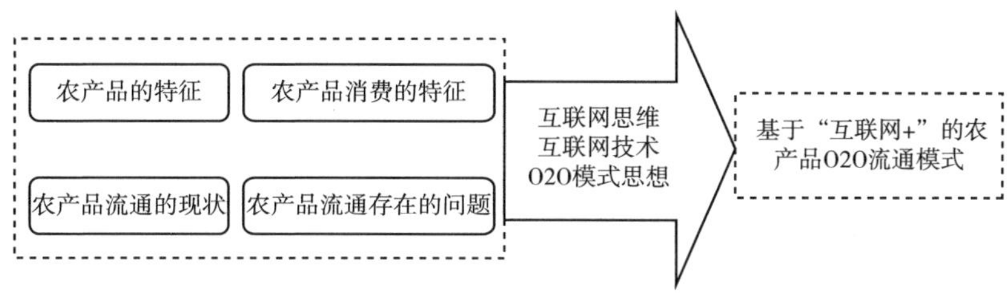

图 4－10 基于“互联网+”的农产品流通的 O2O 模式的基本思想

该模式的基本思想是在充分考虑农产品的特征、消费者的消费特征、农产品流通现状及存在问题的基础上，围绕流通过程中存在的核心问题，充分考虑当前农产品流通的缺陷，融入互联网技术和互联网思维，设计出基于“互联网+”的农产品流通的 O2O 模式。图 4－11 体现的是基于“互联网+”的农产品流通的 O2O 模式的总体逻辑。

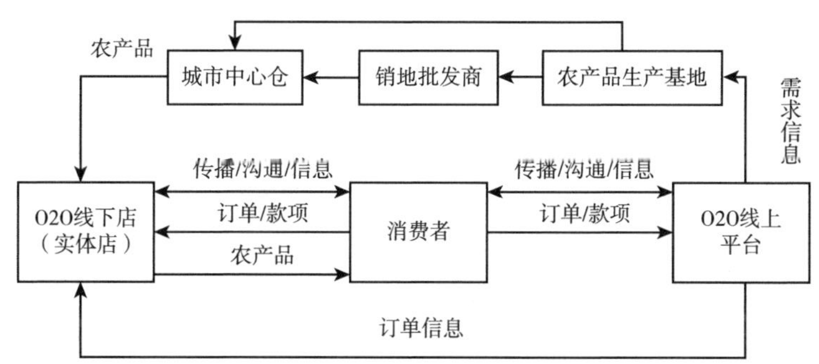

图 4－11 基于“互联网+”的农产品流通的 O2O 模式的总体逻辑

注：→ 表示农产品的物流、价值流动、资金流动、信息流。

该模式以消费者需求为导向和逻辑始点，以满足消费者的需求为目标和逻辑终点，通过线上线下有机融合、优势互补实现效率最优。第一，中心企业通过深入的市场调研、大数据分析、科学预测等方式，精准把握消费者对农产品的需求和消费偏好；第二，基于需求向农产品生产基地、产地供应商或销地批发商提供需求信息和供货计划；第三，生产基地按供应计划生产和提供农产品；第四，生产基地、销地批发商或产地供应商将中心企业所需要的农产品配送给城市中心仓；第五，流通中心企业通过O2O平台如O2O线上直营店或其他传播方式向目标顾客群传递农产品的广告和其他信息，以获得消费者的关注，引导消费者需求；第六，对企业提供的农产品感兴趣的消费者，可以根据自己的偏好，通过O2O线上平台或线下店两种方式下单，其中，通过O2O线下店下订单的消费者可以自提或由门店安排配送，通过O2O线上平台下订单并进行移动支付的，线上平台将订单信息及时推送给离消费者较近的门店，由线下店或前置仓将订单所需的农产品配送至消费终端；第七，消费者接收到订单所需的农产品并进行消费之后，会产生消费认知，这些认知情绪会通过O2O线上平台、社交媒体等途径进行传播，在“互联网+”背景下。流通中心企业必须高度重视消费者的认知情绪，正向的评价会产生较好的口碑效应，带动更多潜在顾客对农产品进行消费和购买，对于负面的情绪，流通中心企业应该高度重视，深入探索存在问题的原因，并通过不断提升产品质量和公众形象来修复产生的负面影响。

根据学者王成敏、李美羽（2020）的研究成果，本书将该模式分为地产地销+O2O模式、超市+O2O模式、家店一体化+O2O模式。

4.4.1　基于“互联网+”的农产品流通的“地产地销”O2O模式

4.4.1.1　“地产地销”的含义及演变

“地产地销”是“本地生产、本地消费”（地域生产·地域消费）的缩略语，主要指在地方生产的产品或资源（主要指农产品、水产品等）由该地区消费。对于中国的农业来讲，“地产地销”可能是一个新名词，但是在日本，早在1981年就由当时的农林水产省提出了，它的原意是为了普及健康、合理、科学的饮食。20世纪90年代末期，“地产地销”有了新的意义。日本的农产品在生产技术上有了明显的提高，进入了高附加值的阶段。消费者的意识也从一味要求商品价格便宜，转变到重视自身的饮食健康，强调农产品的安全和农产品的新鲜度。

进入 21 世纪后，日本的食品行业发生了不少恶性事件，使得消费者对食品，尤其是农产品的信任度变得非常脆弱，因而就更加追求食品的安全性。同时，农产品的物流成本要计算运输成本，远距离的运输会消耗较多的能源。这时，“地产地销”正可以鼓励消费者尽可能消费当地或邻近产地的农产品，既有利于保持食品的新鲜度，又能节约运输费用、减少能源消耗。因此，“本地”“绿色”“新鲜”是“地产地销”的核心理念。

从农业生产角度来看，“地产地销”具体可分为两种类型：一类是引入替代型，即尽量利用本地生产的农产品作为原料进行加工生产以提高地域内食品的自给率，提倡用本地农产品替代从外地引入的加工原料和食品；第二类是输出替代型，即将原来以生产原料输出为主的形式转变为以开发成当地土特产品再输出为主的形式，用加工产品输出来替代原料产品输出，提高农产品附加值以增加区域内农民的收入。

4.4.1.2 “地产地销”模式的必要性

“地产地销”坚持“身土不二”“环保主义”“美食时尚”等思想，是由政府推动的一种流通模式。与今天中国面临的情况相似，第二次世界大战后的日本迎来了经济腾飞，人力、物力、财力不断由农业向工业流动，由农村向城市流动，结果村落凋敝、农业人口老龄化，农村经济几近停滞。而且伴随而来的是农业生产工业化、农药化肥滥用、食品安全问题频发，城乡居民饮食安全受到严重威胁。政府和热心的社会组织为扭转这一局面，极力推动“地产地销”模式，希望借此振兴农村和农业。

消费者为追求安全放心的农产品，开始通过消费合作社等组织收集农产品的产地、生产环境、栽培方法等信息，并尝试直接从生产者手中购买农产品。饮食文化也随之悄然变化，乡土农产品越来越受青睐，工厂化生产的农产品则遭到抵制。

对农业从业者来说，“地产地销”模式能够削减流通环节、降低物流成本，在提供物美价廉农产品的同时，提高生产者收入，推动乡村观光旅游、餐饮住宿业的发展。生产者在与消费者亲密接触的过程中，也能够得到精神回馈，获得作为劳动者的光荣感和满足感。

政府则力争把农业利润留在本地，扶持农业发展。各项扶持政策是“地产地销”运动的重要推动力。2010 年，日本农林水产省颁布了《六次产业化 · 地产地消法》，将“地产地消”作为“六次产业”发展战略的核心内容，促进当地农产品更大程度地在当地消费和利用，希望将本地农产品加工、销售环节的利润保留在本地。

当然，作为市场经济下的一种特殊形态，“地产地销”还存在农产品品种欠缺、供应不稳定、当地人同质竞争等问题，但多年操作实践证明，该模式的确可以降低流通成本、提高生产者收益、节约消费者成本，并对城乡一体化发展、促进农民就业、促进饮食文化发展起到推动作用。①

4.4.1.3　“地产地销”O2O模式的逻辑模型

“地产地销”模式是指根据本地消费者的需求，生产高质量、健康的农产品，并在本地进行销售。“地产地销”模式是在20世纪80年代由日本农林水产省提出的，指在本地区消费当地的产品或资源。随着人们生活水平的提升，消费者从关注农产品的价格逐渐转向关注产品的品质，追求健康、合理、科学的饮食成为一种消费时尚。目前国内消费者对于农产品健康品质的追求也在不断提高，“地产地销”模式在国内同样适用。国内小农户、农产品合作社等按照“地产地销”模式的理念生产高品质、健康的农产品，加上新型农业经营主体的产生，可以有组织地进行农产品生产与销售。组织的竞争力在于能跟随市场变化及时调整生产，生产出符合市场需求的产品。② 因此，“地产地销”模式下的农产品能更加符合市场需求，同时大大提高了农产品经营主体的竞争力。③ 图4－12表示的是基于“互联网+”的农产品流通的“地产地销”O2O模式逻辑模型。

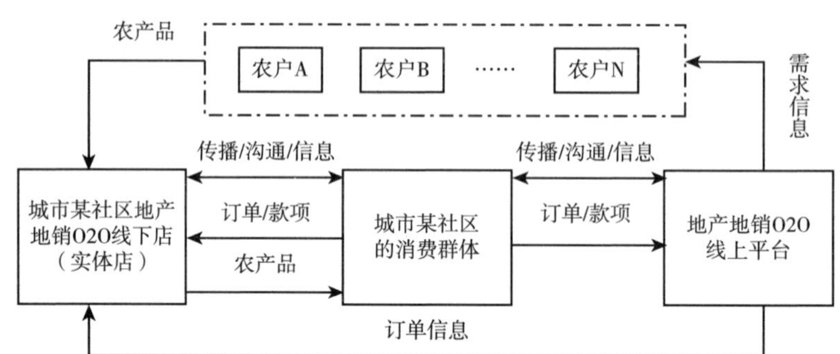

图4－12　基于“互联网+”的农产品流通的“地产地销”O2O模式逻辑模型

注：⟶表示农产品的物流、价值流动、资金流动、信息流。

该模式在中国的产生离不开中国消费者对农产品更高层次的追求，他们愿

① 中国农村网．闲话地产地销［EB/OL］．http：//journal. crnews. net/733/40573_20160919043436. html.

② 徐添懿．林业企业竞争力评价指标设计研究［J］．经济研究导刊，2018（29）：12－13.

③ 徐颖，王姝．农产品“地产地销”模式探讨［J］．物流科技，2020（7）：50－52.

意支付高出超市同类商品的价格去购买原生态、绿色、有机、新鲜的农产品；他们有一定的经济基础，且接受过较好的教育，追求自身的保健和回归大自然的初心，能够接受“地产地销”的思维模式。

（1）流通中心企业在城市某社区构建“地产地销”O2O业务系统，通过科学选址在该城市创建O2O线下直营店，同时创建O2O线上平台。该城市周边的农村通过合作、承包等方式将分散的小农户连接起来，并让他们注册成为流通中心企业的合伙人或供应商，一人一码，将信息导入O2O信息平台，引导小农户生产原生态、有机、健康、绿色的农产品，并由就近的O2O线下直营店完成向订单消费者的配送。

（2）在供应端，分散的农户将当天采摘（收）的农产品送往合作的O2O直营店，在直营店店员的帮助下完成生产信息的录入，并将该信息作为消费者质量溯源的依据。与此同时，流通中心企业根据销售情况分析消费者的需求偏好，并以此来确定与农户的订单合作。因此，农产品的销售情况是指导分散农户生产的“风向标”。

（3）流通中心企业O2O线上平台、线下直营店通过社交媒体、媒介（如微信朋友圈）、网络媒体、公交广告等方式来传播该模式的农产品和相关服务。消费者通过社交媒体、口碑相传等方式了解到中心流通企业的特色产品，激发对原生态、有机农产品的需求，通过线上或线下两种方式来购买。当消费者通过O2O线上交易平台下订单并完成在线支付时，线上交易平台会及时准确地将订单信息传送给离消费者较近的直营店，由直营店安排给消费者直接配送或由消费者自提；当采用O2O线下直营店购买时，消费者可以亲身体验，具体感知流通中心企业的农产品，并产生购买欲望，进而完成对农产品的购买。

（4）消费者在购买O2O系统提供的农产品并使用以后，会产生对农产品的价值感知和消费情绪，消费者会通过O2O线上平台或各种社交媒体（如微信朋友圈等）将自己的消费情绪进行表达，正面的消费情绪将会吸引更多的潜在消费者，为企业带来持久利润；负面的消费情绪将会产生较大的客户服务成本，会导致流通中心的企业失去本次购买的消费者（显性的损失），而且这些消费者的负面情绪会使其他潜在顾客打消购买欲望，对企业的商誉产生很大的损伤，对企业的经营带来较大的运营风险（隐形损失）。

（5）消费者的价值感知。该模式消费者的价值感知来自线上线下的优势互补，消费者能够切身体验流通中心提供的农产品，同时能够享用到原生态、新鲜、健康、有机的农产品，无论是从心理角度还是健康角度都能感到安心和舒心，在守护全家人健康的同时，重拾儿时的回忆。

（6）分散农户的价值模式。与传统的分散经营模式相比，基于“互联网+”的农产品流通的O2O模式是通过流通中心企业将追求原生态的消费者与分散的农户紧紧连接起来，使小农户的生产经营不再盲目。这种流通模式中间环节较少，属于一种直销模式，将会为农户带来更高的收益。例如，新冠肺炎疫情期间，拼多多发起直播助农系列活动，探索“市县长当主播、农户多卖货”模式，分别在浙江、广东、广西、重庆、安徽、江西等地组织了多场“市县长助农直播间”活动，累计帮扶各类型农户超过8 600户。同时，拼多多协助开设的农民新网店持续增加，平均单店销售额已超过30万元；整个“抗疫助农”专区成交订单量大幅增长，达到2 750万单，售出滞销农产品总计超过1.1亿千克。[①] 另外，消费者对原生态、绿色、健康农产品的追求也迫使流通中心企业对合作的农户提出了更高的要求，倒逼农户不断提高农业生产的安全意识，不断改进生产技术和方法，生产出满足消费者需求的高品质农产品，促进农业生产持续健康发展。

（7）流通中心企业的经营模式。主要表现在以下几点。

第一，农产品的品质是保障该模式持续运转的首要条件。在这一模式中，流通中心企业起到了桥梁和纽带作用，一头连接着分散的小农户，一头连接着追求高品质农产品的消费者，流通中心的出现让小农户的生产不再盲目，让消费者的需求变为现实，实现了供需双方的信息共享，减少了交易成本和流通成本。在后疫情时代，这种模式将助力我国农村经济释放新的活力，助力乡村振兴战略的实施。

第二，该模式的基本定位是原生态、绿色、有机、健康的农产品，且属于直销模式，流通渠道较短，这就决定了在配送过程中需要花费更多的成本保证农产品“看得见的新鲜”。所以，该种模式下的农产品价格要高于市面上同类产品的价格。

第三，该模式的传播主要以O2O线上交易平台、O2O线下直营推广、社交媒体、政府宣传和口碑效应为主，有助于扩大流通中心企业所提供产品与服务的知名度。

第四，在成本控制上，虽然该种模式没有较多的中间环节，流通渠道较短，利益在中间渠道分散较少，流通成本相对较低。但是，为了保证消费者对原生态农产品消费的价值感知不打折扣，流通中心企业在生产环节上需要花费较大的成本来对农产品的生产过程进行监控，对农产品的质量安全进行严格把

---

① 本案例根据邱海峰在人民网发表的文章《田间地头，直播引领新时尚（“宅经济”激活新消费）》整理所得。

关，对合作农户建立信用评价等级等，也需要投入更多的成本来维护农产品的品质。除此之外，要想保证送至消费者手中的农产品新鲜、美味，配送环节也需要冷链物流和现代物流信息技术的支持。因此，生产和配送是该模式中成本投入较多的两个环节。

第五，流通中心企业的收益主要来自每天的交易额，成本来自线下的店面租金、线上的系统维护、运营成本及信息传播成本。总体来讲，该模式对前期资金投入的要求不是太高，有利于中小型流通中心企业的立足与成长。

4.4.1.4 案例分析：“赶街村货”的“地产地销”O2O 模式①

赶街网是一家专注于农村电商化、“互联网 +”的电商平台。赶街网成立至今，有三个标签。第一个标签是中国农村电商的概念提出者，也是最早探索这个模式的先行者。第二个标签是行业标准的制定者，商务部委托赶街网制定全国约 1 200 个县的商品上行标准。第三个标签是阿里巴巴的战略投资企业。赶街网目前有三大业务模块，包括农产品上行（村货、大宗农产品）、生活服务下乡、末端物流解决方案提供。目前在中国，小农户家庭平均耕地在 5 亩以下的占比为 96.7%。因此，小农户销售难是未被触及的痛点。乡村振兴和产业振兴其实就是农业能不能产业化的问题。因此，赶街网的任务就是帮助小农户卖村货，这是赶街网一直以来坚守的使命和最大的梦想。小农户面临着非常多的问题，比如种养殖的分散性、碎片性，产品质量、数量的不可控，物流成本高等，这些都使得为中小农户服务这件事变得相当困难。

2017 年，赶街网正式启动业务。其运作的基本业务逻辑是自下而上，主要服务四线城市及县域市场，不是在一线二线的大城市。赶街网的战略是一线一店，或者一线一仓。其注重的是电商体验。首先，赶街网重视 O2O 体验，100% 的产品由中小农户供应；其次，一县开一家店，食在当地，吃在当季；再次，生产者 + 经纪人 + 平台三重追溯，确保这个货物的品质跟质量；最后，赶街网提供保证农产品品质的配送——最快 30 分钟的宅配模式。

赶街网实施的是 O2O 村货模式，就是在中间做一个门店，一个县里设置一个供应端，包括不同类别的中小农户，并利用整体的打包优势，通过赶街村货经纪人体系解决供应产业。店前端除了门店的直接零售以外，还采用产地直采 + 社区的直接打法，每个社区的店铺 20% 以下收入是来自店铺销售，80% 收入以上是来自线上订单销售。图 4 - 13 表示的是“赶街村货”的“地产地销”O2O 模式逻辑模型。

① 本案例根据发表于新农说的《赶村货，村民直卖——县域生鲜零售》一文整理所得。

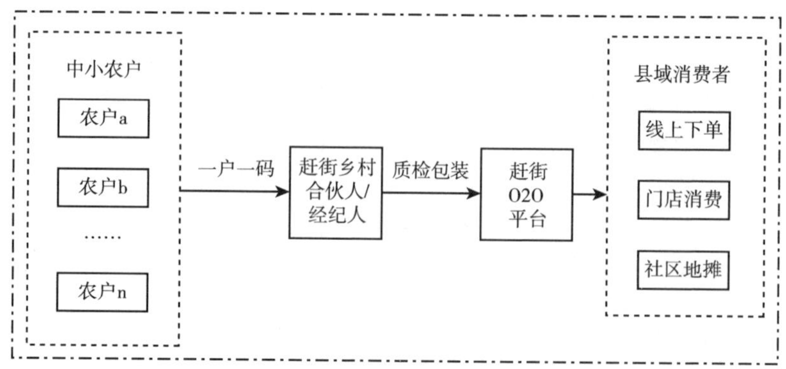

图4-13 “赶街村货”的“地产地销”O2O模式逻辑模型

注：⟶表示农产品的物流、价值流动、资金流动、信息流。

从上述“赶街村货”的运作模式可以看出，其成功的运营战略体现在以下几个方面。

（1）赶街网从源头上为您舌尖上的安全保驾护航，确保100%来自中小农户原产直供，让居民真正享受到健康、无污染的食材。

（2）赶街村货采用“新零售”的方式来提升消费者体验，即采用“线下实体店+线上商城”的方式，辅以“30分钟配送急速体验”，让消费者足不出户就能吃遍各种健康土货。

（3）坚守企业社会责任，用实际行动助农增收。赶街公司提供的四川通江生态稻米在小侨（Jofay）的推荐下走进千家万户，直播平台同时在线观看人数超过52万。作为此次行动供应链服务商之一，浙江赶街电子商务有限公司在一天时间内，通过在全国的布局和业务体系，将收集并力荐的通江椴木银耳、云南水果玉米、海南金煌芒果等数十款滞销农产品在淘宝黄金时段进行直播售卖，分别由烈儿宝贝、李艾等多位百万级粉丝网红担任主播，效果卓越。同时，电商巨头阿里巴巴集团紧急开启了网红直播连麦带货助农行动，直播联动阿里巴巴BU多个部门（淘宝天猫行业、数字农业、聚划算、菜鸟、优酷等）共同发起线上的战“疫”助农活动。赶街公司在产地端组织开仓生产、联合政府与菜鸟开通绿色物流通道，在营销端通过线上活动和直播的形式，帮助打通各地受阻的销售渠道，通过直播助农，与农民一起共渡难关。

（4）严格的农产品品质把控。赶街要求每一款产品都必须标明来自谁家，保持二维码可追溯；要求村货供应者提供身份证照片以及对质量的承诺；发展专业村货经纪人群体，由专业经纪人按照赶街标准进行采集和品控；要求村货供应者不得违反每款村货产品的严格标准。

(5) 清晰的产品定位和质量追溯。赶街定位的是稀有产品，契合的人群不是菜市场，主要是针对金字塔中间以及顶部的那些人群用户。在售价层面，价格要高出传统菜市场、超市20% ~30%，理由是赶街提供的产品是明明白白、地地道道的，并且可以清晰追溯。

4.4.2 基于“互联网+”的农产品流通的超市O2O模式

4.4.2.1 超市O2O模式的逻辑模型

超市将集中采购和分散消费相结合，通过企业外表形象的标准化、经营管理活动的专业化、组织人事规范化以及内部管理手段的现代化，做到使复杂的商业活动实现相对的简单化，从而达到规模效应。① 经过多年的发展，超市在农产品的经营方面已经具有一定的基础和优势。在客户基础方面，超市凭借良好的购物环境、齐全的商品种类、令人安全放心的商品品质、一站式购物模式以及会员卡客户管理，获得了消费者的信任，有了稳定的客户基础。在地理市场方面，超市门店诸多，门店之间布局合理，有着较广的地域覆盖优势。在运营方面，超市一般都具有规范化的运营管理体系，涵盖了采购、销售、物流、财务、运营等方面的业务活动。在信息化建设方面，超市引入物联网技术、RFID等现代技术对商品流通过程中的信息进行实时采集、处理和传输，实现信息高效快速共享与交换；同时建设覆盖面广泛的交易平台，在农产品销售过程中引入条码、二维码技术等技术，以便消费者查询商品、线上下单、移动支付、查询商品物流、确认收货及网上评论。由此可见，超市已基本完成信息化建设。② 超市在现有的经营基础上通过开展电子商务发展O2O模式。超市通过O2O模式利用移动互联网、大数据、智能终端等在线上运营。在线营销方式可以有效减少人力支出以及降低实体店销售所需的固定资产，这是节省超市运营成本的新途径。对于消费者而言，手机App、团购网站等为其提供了日益丰富的购物途径和消费体验，消费者可以在网上下单，然后到就近的超市门店提取商品，这不仅为超市门店增加顾客量，还可以带动超市内其他商品的销售

---

① 贺晶晶. O2O模式下连锁超市生鲜农产品物流配送路径优化研究［D］. 天津：天津理工大学，2016：21－22.

② 沈明玉. 大型超市加速进军电商融合O2O探索新消费模式［N］. 通信信息报，2014－02－12(3).

额。① 图4-14表示的是基于“互联网+”的农产品流通超市O2O模式的逻辑模型②。

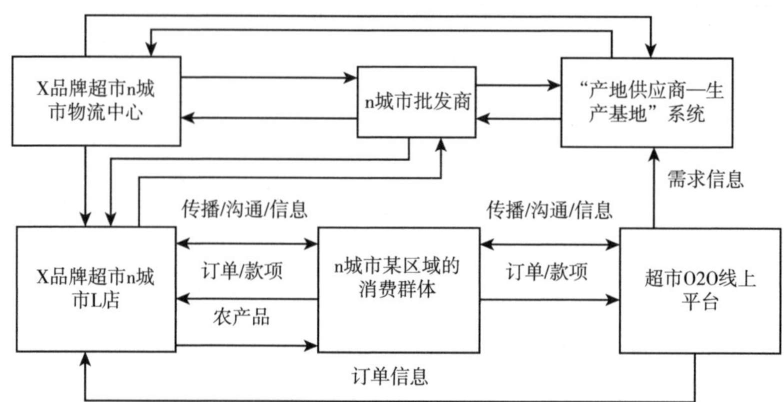

图4-14　基于“互联网+”的农产品流通超市O2O模式的逻辑模型

注：⟶表示农产品的物流、价值流动、资金流动、信息流。

（1）该模式农产品的来源有三种渠道。第一种渠道是超市从当地的批发市场进行采购，这种情况下农产品的流通环节相对较多，链条较长，价格较高，超市的运营难度相对较小。目前，国内的很多超市都采用这种模式来经营。第二种渠道是超市在全国各个基地布局，与当地的种植大户、经纪人形成“产地供应商—生产基地”系统来获得超市所需求的农产品。第三种渠道是X品牌超市在n城市建有物流中心，负责给这个城市X品牌的各个分店配送农产品，且物流中心会根据各个门店的订单为各分店完成配货。

（2）X超市品牌在n城市具有自己的整合传播方式，例如通过网络媒体、社交平台（通过注册会员、关注公众号及时了解超市的动态）、店面形象等方式。农产品属于日常用品，消费频次较高，消费者通过多次光顾，对X品牌的超市形成了一定的自我认知，并产生兴趣，引发购买行为。通常消费者可以通过两种方式来获得农产品：一种是消费者直接光顾超市，亲身体验新鲜的农产品，按照需求进行采购并在线下柜台完成交易；另一种是通过该超市的O2O线上平台下单，完成支付，该线上平台将信息推送到离消费者较近的门店，该门店负责完成对订单农产品的配送。

① 汪旭晖，张其林．基于线上线下融合的农产品流通模式研究——农产品O2O框架及趋势［J］．北京工商大学学报（社会科学版），2014（3）：18-25.

② 王成敏，李美羽．基于“互联网+”的鲜活农产品流通模式创新研究［M］．北京：中国财政经济出版社，2020：21.

（3）超市线上 O2O 以及各个店面的销售信息基于 POS 技术、射频识别技术等形成完整的大数据，通过对大数据的信息挖掘、分析，客观了解消费者的需求偏好，并依此来科学制定采购计划。同时这些需求计划会被传递给各个供应商、生产基地及种植农户，作为指导农户与生产基地调整生产结构的基本依据。

（4）消费者从 X 品牌的超市购买农产品之后，在感知收益和感知成本之间进行权衡，同时消费者还会货比三家，将超市购买的农产品与农产品集市的产品进行比较，这些比较之后的消费情绪会通过社交媒体、口碑相传等方式传播，这些传播也直接影响了其他消费者对 X 品牌超市的认知、评价与忠诚度。

（5）消费者感知价值模式。消费者感知收益来自从 X 品牌超市购买到自己想要的农产品。与农贸市场或集市销售的农产品相比，X 品牌超市的产品价格持中，并且超市的购物环境适宜，商品摆放有序、分类得当，更有冷链加持。消费者还可以通过“e 追溯”轻松查询农产品的来源信息，因此，消费者对在超市购买的农产品会产生更高的满意度。

（6）“产地供应商—生产基地”系统的价值模式。产地供应商通过和 X 品牌超市的合作，形成较为稳定的订单和利润空间。生产基地通过超市的订单生产出满足消费者需求的农产品，通过订单农业，减少了农业生产经营的风险，并且基于合同进行农产品的生产供应，保证货源，为生产基地和农户带来稳定的利润。

（7）X 品牌超市的经营模式。第一，面对的是城市各个消费层面的消费者，尤其是中低层消费群体，他们对农产品的价格比较敏感，热衷于超市的优惠促销活动。第二，产品的质量控制模式。一是根据 X 品牌超市的大数据信息来指导生产基地或农户生产出满足消费者需求的农产品，同时利用现代信息技术如 POS 技术、射频识别技术等对进入超市的农产品的产地来源和流通过程实施全程信息追溯，让消费者对购买的农产品具有知情权；二是建立质量标准体系来指导生产和流通，进入超市的农产品要进行严格的质量检验，包括农药残留等指标；三是强化流通环节中现代物流技术的使用，如冷链配送。第三，整合传播模式，采用社交媒体、电视广告、宣传单等方式进行信息传播。第四，成本管理模式，超市从当地批发市场采购，中间环节较多，链条长，成本相对较高，而构建“产地供应商—生产基地”系统可以使流通环节大大缩减、成本降低。

4.4.2.2 案例分析：永辉超市的O2O业务①

O2O模式正在改变着原有线下购买消费的习惯。线下流量在向线上流动的同时，线上的购物需求对线下的实体经济带来了很大冲击，商超企业在互联网化大趋势下纷纷寻求转型，寻找新的增长点，而O2O模式作为连接线上线下的最佳选择成为各大商超转型的首选。永辉超市是以生鲜O2O为切入点进行自己的O2O业务拓展。针对生鲜O2O模式中的痛点，永辉超市也通过自己的供应链，促进自己电子商务的发展。

永辉超市成立于2001年，是中国大陆较早将生鲜农产品引进现代超市的流通企业之一，公司已发展成为以零售业为龙头、以现代物流为支撑、以实业开发为基础的大型集团企业。目前永辉超市在全国一线、二线等核心区域的发展较为良好，且公司也在布局其在三线、四线城市的发展。永辉超市在保持自己盈利水平的同时扩展自己的业务。永辉超市初试牛刀拓展自己的O2O业务是在2013年5月，然而仅仅上线不满百日的“半边天”因为销售不佳，产品大多内损，导致亏损严重，“半边天”悄然下线。在初次尝试失败之后，永辉调整发展战略卷土重来，以“永辉微店”的形式重新上线其O2O业务。作为一个全新的O2O业务平台，“永辉微店”将线上“微店”选购、线下“实体店”提货融合起来。客户可以在线上以“微店”为输入端，下完订单之后在线下的任意一家永辉超市实体店进行取货。该项业务率先在福州地区8家门店上线试运行。消费者通过App下单，基本可实现货物“半日送达”。永辉超市在其O2O业务“永辉微店”接入支付宝打通支付环节，从而形成线上线下的消费闭环。在O2O的运营过程中永辉超市以商品资源为核心，以生鲜农产品作为自身的特色，凭借其对生鲜产品的经营管理能力来带动其他产品的销售。永辉超市利用自身的供应链和实体门店来提高消费者的购物体验。

永辉超市的O2O模式核心就在于以零售终端作为流通供应链的主导者，通过对供应链采购管理、物流管理和销售管理三大核心环节的建设、整合以及优化，实现生鲜产品流通全过程的高效率和低成本，从而获得低价格、低损耗、高毛利的“两低一高”竞争优势。永辉在生鲜O2O领域深耕，并且将持续推进电子商务大平台在PC端、移动端及业务中台层面的发展，并通过收集会员信息进行大数据分析来升华盈利模式，永辉超市未来在电商的移动化、商品的优选化、服务的社区化及购物的土地化4个方向上持续发力。据悉，永辉超市将完善新会员管理体系，加快供应链整合、协同、对标及联采，提升进口

---

① 案例资料根据张振伟发表的《永辉超市试水O2O以生鲜O2O为切入点》一文整理所得。

商品、直采商品以及 OEM 商品的销售，做好 O2O 转型，发力移动端，设计、优化、建设电商物流配送服务。

永辉超市的运营策略主要体现在以下方面。

（1）供应链是支撑永辉超市快速崛起的核心竞争力之一。永辉超市的供应链建设已经覆盖全国，并深度下沉至六线城市。通过打通上游优质采购，配合强大的物流体系快速配送、冷链系统保鲜业务、门店到家服务以及强大的智能中台，永辉超市打造了高效的供应链体系，不断建立并强化同行难以拷贝的竞争优势，堪称我国商超行业的“供应链实干家”。西南证券在研报中指出，生鲜行业的损耗率约为 20% ~30%，而永辉超市生鲜损耗率仅为 3% ~4%，可谓是见微知著。

（2）用“源头采购”锁住商品新鲜度。相比同行，永辉超市生鲜供应链的特色在于源头采购。永辉超市围绕“品质、品牌、源头”三大核心原则，搭建“源头直采 + 区域直采 + 自有品牌”的三重模式，建立全国性生鲜农产品统采和区域直采体系，减少传统模式冗长的流通环节。借助源头采购模式，永辉超市能够更加清晰地了解源头商品特性，严格执行商品保鲜、储存条件、货架周期等重点环节，通过“生鲜产品专家”式管理，有效“锁住”商品的新鲜度。

（3）在确保源头商品高性价比供应的同时，永辉超市通过“以销定采、采销协同”进一步优化采购效率、降低损耗。

（4）自建物流，降本增效保新鲜。相较于第三方物流，自建的仓储物流在成本控制、服务水平和服务的响应度上有较大的优势。通过不断完善的自建仓储物流体系，永辉超市在服务的复杂度、运输的灵活度、物流的响应速度等方面都有一定程度的提高。

（5）供应链管理拥抱数字化、智能化。为了打造强大的智能中台，永辉超市持续发力，通过消费场景、大数据以及 AI 技术支持链接上下游，打通下单到采购、到仓储、到门店的各个环节，实现门店数据化与智能化，从而提高公司整体效率。

（6）在降低成本的同时，供应链建设也带动企业运营效率提升。从需求预测、流程管理、库存优化，到发挥各个环节的协同效应、风险预警，强大的供应链配合趋于成熟的智能中台系统，让永辉的经营效率进一步提升。

（7）高性价比的产品，赢得消费者信赖。永辉超市在上游采购、仓储物流等方面建立了成本和议价优势，从而能做到用良心价赢得消费者的心。多样的源头采购方式最大限度地减少了“产地—门店—消费者”生鲜产业链的中间环节，降低了物流、仓储和损耗的成本，在保持生鲜产品色香味的同时，保证了商品的成本优势。

永辉超市在不断优化供应链过程中所积累的经验、经营模式、人脉资源、品牌影响力、流程优化的细节等，都是竞争对手难以在短时间内模仿的。

4.4.3 基于“互联网+”的农产品流通的家店一体化 O2O 模式

4.4.3.1 家店一体化 O2O 模式的逻辑模型

从前面的论述中可以看出，B2C 的电商平台为消费者选购农产品或进行海外采购带来了便利，但是供应链不健全、物流配送能力不强、现代物流技术的应用不深入等因素，使得农产品在不同地理区域的流动中流通环节过长、损耗较大、流通成本高居不下，对于生鲜农产品来说这样的困境不言而喻。诸多的农产品具有易腐坏、难保存、冷链配送要求高等特征，然而我国的冷链物流基础设施较为薄弱，再加上生产环节的信息不对称，因此 B2C 的模式很难让消费者建立对农产品的信赖和忠诚。与此同时，消费者在升级，20～40 岁的网购消费者占 75% 左右，高品质的农产品和优质的服务成为他们的重要诉求。他们求新、求异、求实，希望能通过线上购物获得便捷、物美价廉的愉快购物体验，也追捧线下舒适、极致的购物体验，并分享其购物体验和乐趣。因此，消费者需求的不断升级、渠道范围宽窄也深刻影响着消费者的选择。这催生了农产品家店一体化的 O2O 模式，如图 4－15 所示。

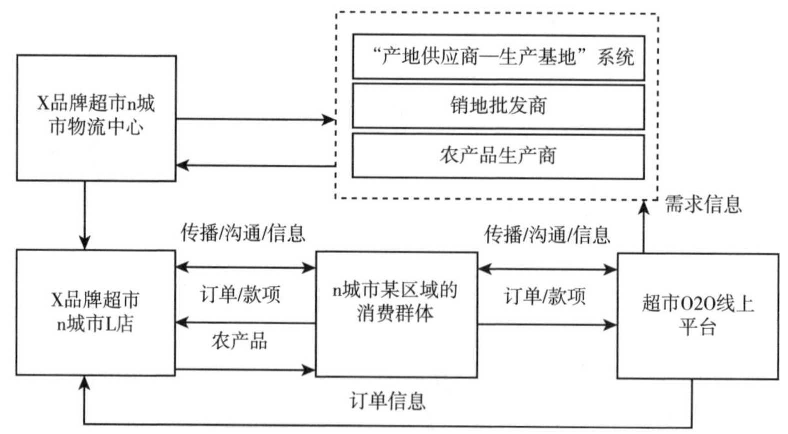

图 4－15 基于“互联网+”的农产品流通家店一体化 O2O 模式的逻辑模型

注：⟶ 表示农产品的物流、价值流动、资金流动、信息流。

（1）该模式下农产品的来源有三种渠道。第一种渠道是“产地供应商—生产基地”系统。中心流通企业在全国不同的农产品优势生产区域布局，通过以下直采模式获得农产品货源：一是与当地的种植大户、经纪人形成“产地供应商—生产基地”系统；二是与当地的生产基地、分散农户以合作方式建立合作生产基地；三是承包土地，自己创建生产基地，自己生产经营。第二种渠道是与品牌农产品生产商或经销商合作，建立长期的伙伴关系，由生产商或经销商提供品质卓越的农产品。第三种渠道是当地的批发市场采购，但采购中间环节较多，货源不稳定，农产品品质无法保证。

（2）X 流通中心企业根据 n 城市的人口数量、人口分布及辐射半径合理布局社区店，并通过广告、宣传单、网络媒体、口碑相传等方式来让消费者对 X 品牌产生认知进而引导消费者购买农产品。购买方式通常包括两种：一是通过 X 品牌的线上 App 或者小程序，在线下订单并完成支付，该线上平台将订单信息推送到离消费者较近的门店，该店面接到订单后安排专人进行终端配送，在配送过程中为保持农产品的品质和口感，通常采用冷链方式；二是消费者直接到社区店按需购买，并在柜台完成支付。

（3）X 品牌的各个社区店、O2O 线上交易平台与消费者交易过程中及信息沟通过程中会产生大量的数据，利用大数据对数据进行充分挖掘、分析与预测，形成需求预测，并将需求预测沿着供应链逆流而上，传递给各地的供应商、生产基地及分散的农户，可以促进产品供给端按照需求趋势有针对性地调整种植和养殖结构。从根本上讲，这是一种由外向内的运营模式，是在对消费者需求信息、消费心理精准把握的基础上来指导生产，有利于降低农户的生产风险和提升消费者的满意度。

（4）消费者在享用从 X 品牌社区店或 O2O 线上平台上购买的农产品之后，将会在感知成本与感知收益之间作出权衡，并由此产生消费情绪（正面情绪、负面情绪和中立情绪）。这些消费情绪将通过社交媒体、口口相传、店面反馈等方式传播，这种传播将直接影响其他潜在顾客和公众对品牌的价值认知。特别是出现负面的消费情绪时，对品牌社区店或交易平台来说，损失的不仅仅是当次的交易机会，品牌形象也会受到损伤，产生巨大的客户服务成本，这不利于品牌价值的塑造和忠实客户的培养。

（5）消费者感知价值模式。消费者感知收益来自消费者根据自身的实际情况，选择从 X 品牌社区店或 O2O 线上平台获得其需求的中高品质农产品，这些产品相较于集市提供的产品，在品质上更加具有优势。主要原因为：一是有稳定的供货渠道和鲜明的商标，并可以通过二维码实施 e 追溯，减少了顾客购买和享用的后顾之忧；二是有较完善的物流运作系统，保证农产品在各个环节的价值不受到减损，确保提供的农产品新鲜、有机；三是有相对完善的售后服务，方便消费者退换货。基于此，消费者会对品牌社区店购买的农产品产生较高的客户满意度。消费者感知的成本来自支付同类农产品比农贸市场或农产品集市高的货币成本，以及为之付出的时间和精力成本。

（6）品牌农产品的生产经营商、“产地供应商—生产基地”系统的价值模式。品牌农产品的生产商通过与X品牌的合作，获得持久和稳定的销售渠道。产地供应商通过与X品牌的合作形成稳定的订单与利润空间。生产基地的农户通过订单生产为X品牌提供优质农产品，形成稳定的收入来源，同时鼓舞了农户种植的信心，助力产业振兴。

（7）X品牌的经营模式。主要表现在以下几点。

第一，该模式的目标顾客群是一线、二线城市中产阶级以上的消费群体。这部分群体追求较好的生活品质，注重养生保健，再加上较快的生活节奏，他们希望能快速便捷地购买品质较好的农产品，以守护自身和家人的健康，即便是支付高出市场同类产品一定的价格也愿意接受。

第二，产品品质的控制模式。该模式通过建立标准化体系来指导生产与流通，建立严格的生产标准来规范生产，对进入超市门店的农产品进行农药残留等的检测，对流通环节采用全程可视化、可追溯系统进行动态监控。同时，该模式实施全程冷链，以保证进入超市的农产品品质优、卖相佳。

第三，整合传播模式。该模式采用社交媒体、电视广告、宣传单等方式进行信息传播，以扩大消费者对品牌的认知。

第四，成本控制模式。企业若从当地批发市场采购，中间环节较多，链条长，成本相对较高。构建“产地供应商—生产基地”系统可以使流通环节大大缩减，成本降低。同时，企业在产地直采、当地批发和品牌农产品的采购中需要投入大量的人力、财力和物力，特别是海外直采对采购团队及采购人员的素质要求较高，企业需要投入一定的精力进行人员素质的培训，使其在采购过程中游刃有余。

4.4.3.2 案例分析：7FRESH家店一体化O2O业务模式①

7FRESH是京东线下生鲜超市，主打生鲜海产品，京东7FRESH也将利用京东生鲜优势，让消费者在最短时间内享受到日本金枪鱼、澳洲谷饲牛排等食材。无论是海鲜还是牛排，消费者都可选择在店内交给7FRESH的大厨直接完成烹饪，相当于把餐厅搬进了7FRESH。京东7FRESH将采用顶部悬挂链技术

① 本案例资料根据发表于新华网的《京东旗下生鲜超市7FRESH开业》一文整理所得。

和商品信息感应投射技术。7FRESH 生鲜超市拥有自家农场，农场产品有机、新鲜，保证健康，而且超市遵循“下单即送，最短时间送到，保证生鲜的新鲜度！”同时，线上 7FRESH 提供了丰富的生鲜产品，物美价廉且保障新鲜度，每日均有秒杀活动，在线下单最快半小时送货到家，是融合线上线下一体化的新概念生鲜食品超市。在 7FRESH，消费者能轻松品尝星级佳肴，欢乐尽享全球鲜选好食材，更有最快半小时的便利送货到家，消费者想要的新鲜美味，在 7FRESH 都能找到。

同时，7FRESH 还在店内配备智能购物车，用户只需下载 7FRESH App，扫描车身二维码，这台购物车就完成了绑定，归“主人”使用。使用前，车体会弹出一个装有手环的框，“主人”佩戴上手环，智能购物车便会自动跟随。用户使用完毕后，将手环归还即可。智能购物车拥有先进的避障系统，综合了摄像头、红外线感应技术，在遇到障碍和紧急情况时，购物车可以立刻做出“‘刹车’指令”。

此外，7FRESH 店内还专门为部分水果配备了“魔镜”系统，消费者拿起带有二维码标识的水果，“魔镜”便可自动扫描感应，将水果的原产地、甜度、溯源等信息展示在镜面上。支付过程中，消费者可直接通过“人脸支付”进行付款，当然，也可选择包括微信付款在内的其他多种方式。另外，依托于京东大数据，7FRESH 还自建有一套精密的智能补货系统。该系统能准确预测出产品可能缺货的时间段并提早做出应对，保证消费者在有所需的时候必定有所得，化解无货的尴尬。

7FRESH 的主要经营策略如下。

（1）借助京东物流，打造精益供应链。得益于京东整体的物流能力和冷链仓储体系，7FRESH 在供应链的协同上更是积累了丰富的经验。7FRESH 只需要从“无限的货架”中挑选适合的商品放到自己“有限的货架”中即可。绝大多数商品都可以与京东生鲜联合采购，京东生鲜潜心打造的海外直采模式更是可以直接为 7FRESH 所用，大大减少了成本和人力，线上线下供应链打通的优势一览无遗。

（2）坚守品质初心，线上线下优势互补。线上，京东生鲜已经建立了一套成熟的商品质量全流程管理体系，也打造了一批领先于行业的质量管理项目。比如京东生鲜自建的快检实验室目前已进驻到全国 8 大生鲜冷链仓，会对所有入库产品进行农残、药残和重金属的抽检；再比如京东生鲜推出的“生鲜农场”计划，更是对生鲜产品的标准化和品牌化发展起到了推动作用。同时，京东还围绕生鲜和休闲食品有针对性地打造了“神农 · SPES”系统，目前已形成了一整套的全流程线上智能质量管理体系，力保消费者“舌尖上的安全”。京东针对生鲜产品打造了品质分级的“银河计划”，一款产品是有机、是绿色还是符合各行业公认的各类标准均会在商品详页上以标签的形式体现出来，方便消费者参考和购买。在线下，7FRESH 的质量管理则更加精细化且具备线下特色。7FRESH 目前正在建立覆盖全国门店的实验室检测网络，对所销售商品进行周期性安全性评估；在各地区建立果蔬加工中心，制定各品类的原料及成品标准，对果蔬进行验收、挑拣、加工、包装，通过多方品控标准和多重品控行为为入库果蔬做质量背书。

（3）依托于京东仓配优势和基于大数据的智能补货系统，7FRESH 改变了前店后仓的模式，后仓只做生鲜产品的包装和加工，大大提高了商品的库存周转率。智能补货系统精准预测商品的需求并做出相应的调整，保证供求平衡，并通过京东物流仓配体系实现 211 补货，即系统上午发出补货指令，下午就能配送到门店。在消费者这一端，7FRESH 还可以提供以门店内三公里为半径的半小时送达服务。

（4）依托大数据科学选址、精准定位。在选址和商品定位方面，7FRESH 不是靠经验或调研，而是靠“数据”说话，依托京东强大的数据资源，分析目标区域覆盖人群的定位、用户购买力、位置交通等综合因素，进行智慧选址，并精准匹配商品。对于大数据精选出来的产品，7FRESH 会让专业买手进行产地直采，确保产品品质。

4.5　O2O + C2B 的综合运营模式

该模式在分析传统农产品流通模式存在问题的基础上，建立“互联网 +”农产品流通的 O2O 平台，采用冷链物流配送技术，引入政府监督激励机制，实现农产品生产者、电商、第三方物流以及消费者的利益，建立长期的合作伙伴关系，提高农产品的抗风险能力。① 同时，该模式利用“互联网 +”构建农产品质量安全追溯系统，保证农产品从源头的生产加工到流通配送等各环节的质量安全。该模式以农产品的提供者和互联网平台的搭建者作为整个流通模式的主导，如图 4 - 16 所示。

---

① 仝好林．基于“互联网 +”的生鲜果蔬供应链模式研究［J］．物流工程与管理，2016（12）．

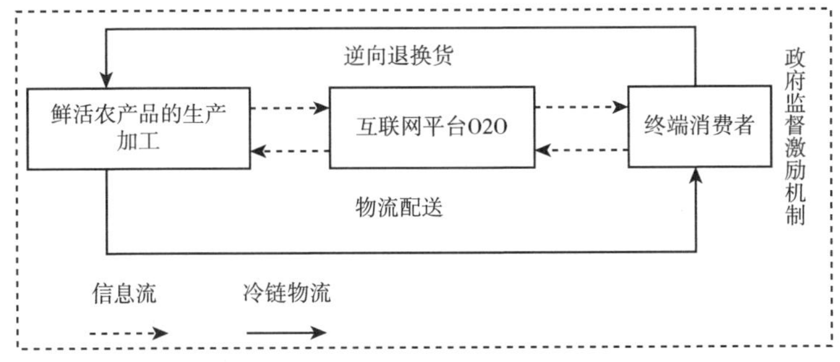

图4-16 “互联网+”农产品综合流通模式

从图4-16的流通模式可以看出，上游的农产品生产加工主体可以是农户、农业生产基地、合作社等农产品的生产者和供应者；作为纽带的互联网平台可通过自营、专门企业运营或是政府运营为农产品的流通提供重要的信息交流平台，能够实现线上体验、下订单，线下配送；终端的消费者是农产品的需求者，主要有消费者个人、学校、餐厅、从事农产品批发的商户等；物流配送模式可以是自营配送、第三方物流配送或共同配送，同时借助“互联网+”可以实现产品的逆向退换货、降低客户服务成本、提高顾客满意度；政府监督激励机制的引入，可以通过完善相关的法律规章、加强基础设施建设、加大监管力度、实施奖惩机制、助力鲜活农产品的流通来实现。现将综合运营模式分为以下两类。

4.5.1 农产品种植基地+互联网平台+物流配送（B2C+O2O）

该模式下农产品的种植基地是农产品的提供者，规模化的经营有利于现代农业技术的推广和应用。充分利用农产品的区位优势可以提高抗风险能力和产品的质量。互联网平台通过宣传推广让广大消费者了解本地的农产品，消费者则通过线上下订单，线下由第三方物流或自营物流完成对农产品及时、准确地配送。同时，建立逆向物流退换货系统有助于排除消费者购货的后顾之忧。

4.5.2 O2O+C2B的运营模式

O2O农产品配送模式可以实现线上与线下的完美结合，能够让消费者享受线上价格优惠的同时，享受线下贴心便捷的服务。该模式能够实现农产品的集中配送，降低配送成本。但是随着消费者需求多样性、差异性和对配送的个性化要求，单纯的O2O模式难以满足个性化发展的要求，O2O模式通过与

C2B模式结合提供个性化定制，满足消费者多样性需求。

O2O能够实现农产品的集中配送，消费者完成网上支付后可以到实体店自提产品，能够零距离的体验产品质量，对商家的营销效果进行统计和追踪评价，同时也避免了线下消费者因信息不对称而受到“价格蒙蔽”。C2B的模式以消费者为中心，通过订单化的方式，实现定制化的预售模式，整合了产地资源，创新了流通模式，为农产品的销售创造良好的口碑效应。在定价方面，生产者可以在前期实现与终端消费者的沟通，充分掌握消费者的需求，使得农产品的定价更合理。C2B模式与O2O的流通模式兼收并蓄，优势互补，创造了良好的口碑效应。而且O2O+C2B的模式通过互联网平台获得了消费者需求、体验、定价、线下服务等多方位的信息，为生产经营的科学决策提供依据。农产品C2B+O2O线上线下模式如图4-17所示。

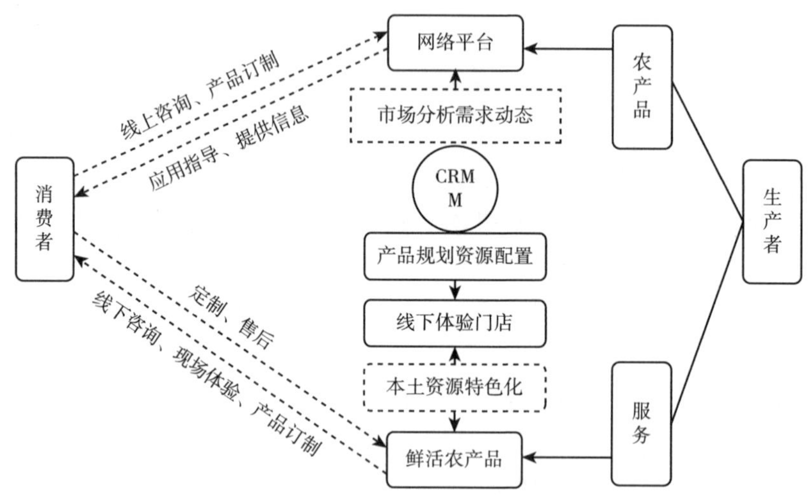

图4-17　农产品C2B+O2O线上线下模式

注：⟶ 表示农产品的物流、价值流动、资金流动、信息流。

4.6　本章小结

本章在分析传统农产品流通现状及存在问题的基础上，为保障农产品从生产到流通各个环节的质量安全及价格稳定，构建了一个“互联网+”农产品的新型流通模式：C2B模式、O2O模式以及O2O+C2B运营模式。本章提出了“农产品种植基地+互联网平台+物流配送（B2C+O2O）”与O2O+C2B的农产品流通运营模式，以增强农产品的流通效率，为打造科学化、信息化和高效的鲜活农产品流通模式提供参考。

第 5 章

互联网对流通效率提升的作用机理

5.1 互联网推动商业模式和支付方式革命

流通领域是与互联网接触最早、融合最深、成效最明显的领域之一。从商业模式的变革来说，在“互联网 + 流通”政策的支持下，许多传统的流通企业纷纷“触电”，流通企业商务模式电子化的过程改变了传统的经营方式、增加了投入产出效率、降低了运营成本、缩短了流通时间、提高了流通效率。以信息技术和网络技术为核心的第三次科技革命，正在颠覆性的改变工业革命所形成的经济形态和增长模式。网络环境的开放性、虚拟性、交互性、平等性与共享性等特征使得人们能够通过互联网与身处不同地域范围的人随时随地进行双向或多向信息交流，由此产生的时空距离的缩短和交易成本的降低使得商业环境发生了巨大改变，企业面临许多前所未有的挑战。从支付方式的演进角度而言，互联网支付作为互联网经济发展的支撑，可以有效提高支付效率，交易更加便捷化是支付方式变革的方向。

5.1.1 商业模式变革提升流通效率

“互联网 +”的发展影响了重构商贸流通业的发展环境。第一，“互联网 +”背景下，商品在流通中所有权的转移不再经过烦琐的批发环节，可以通过电子商务平台实现商家与消费者的直接沟通。在大数据和云技术的支撑下，商家可以准确搜集顾客需求信息，根据需求生产商品。而且，网络服务的个性化和便捷化为私人订制生产形势的产生提供了适宜的外部环境，消费者可以不再被动地选择商家提供的产品，这种消费需求主导型的价值链模式能够有效提高商贸流通业的运营效率。第二，“互联网 +”的发展带动了交易形式的变化，新的价值链模式下，实体交易环境无法满足流通信息的高效准确传递，线上线下融合的交易形式逐渐成为主流交易形式，这种交易模式的出现激发了新的消费点。而且，人的购买欲具有可诱导性，受他人购买行为的影响，人们会产生一些从众行为。目前，一些大型零售网站的许多商品界面都有相似产品或者明星同款推荐，大大地刺激了消费者的消费欲望，也提高了网络零售企业的运营效率。

5.1.2 支付方式变革拓展智能消费领域

第一，第三方支付平台的出现。随着“互联网+”的提出，金融业与互联网技术逐渐融合，发展日益繁荣，利用互联网和移动互联网技术强大的数据处理能力可以弥补传统金融服务的不足、提高金融交易效率。第三方交易平台的出现在健全现代化金融体系和完善金融功能方面起到了重要作用，例如支付宝、财付通以及微信支付等，都是互联网背景下支付方式变革的标志性表现。第二，支付手段的变革。第三方支付平台的出现为电子支付提供了平台，相较于传统支付手段，电子支付更能够满足多样化、大规模的线上交易，能够有效降低支付的运作成本、提高支付效率。

商业模式和支付方式变革提升流通效率的作用机制如图5－1所示。

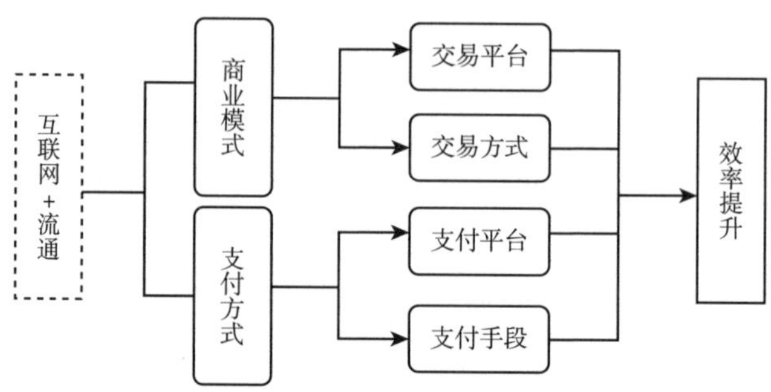

图5－1 商业模式和支付方式变革提升流通效率的作用机制

5.2 互联网技术推动流通组织重构

5.2.1 实现流通组织去中间化

产业互联网能够改变“大而全”“小而全”的传统生产方式，按照专业化分工要求，推动企业业务重组、业务外包、联盟、供应链合作等，实现大范围的智能生产、柔性生产、精益生产、大规模个性化定制等。互联网融入流通组织使传统分销系统中只被大型制造企业掌握的直接流通渠道成为发达商品流通的普遍形式，互联网对信息不对称的消除、交易时空限制的打破以及商流活动的加速都有着积极的意义。从流通渠道的角度而言，互联网推动流通组织去中间化是通过推动生产方式由“推”到“拉”的转变实现的，“拉”式生产方式中的制造商更加注重终端信息的获取，因此更加倾向于排除下游中间环节，实现精准的终端信息反馈。从生产方式而言，借助互联网平台上的信息互通，生产者可以通过自媒体、自流通代替中间组织。这种产销合作、产销融合的过程中包含着“直销直达”的去中间化含义。从流通组织内部分工的角度来看，零售组织接触终端消费者，在大数据技术的支持下，通过对消费者信息的捕获和分析形成产品概念。零售组织是流通组织逆向供应链整合的开端，零售组织模块化的供应链网络本身就是流通组织的一种去中间化的形式。网络零售中的产品模块化和流程模块化以及需求定制型消费理念推动了网络零售的定制型供应链逆向整合，网络零售利用电子商务平台迅速汇集订单，按订单分解模块、按规模经济生产模块、按定制化需求组合模块可以迅速提高生产流通效率。

5.2.2　互联网技术破除零售连锁经营发展瓶颈

在供给与需求呈高度碎片化的发展趋势下，零售组织实现组织重构，专业连锁店的反馈型逆向供应链整合机制对采购、预测以及制造过程的延后且快速反馈信息的模式有助于实现制造业与零售业的相互融合。互联网技术对信息采集和交换能力的提高有促进作用，使用成本低、交互性好以及使用者信息储存量大而且高效等特点可以帮助连锁企业突破管理分散、信息沟通不畅和协调不顺等弊端。ZARA 作为“互联网 +”下连锁经营的成果案例就很好地证明了这一点，ZARA 通过供应链高效协调机制将顾客需求信息快速反馈，涉及从设计到生产再到物流系统协调配合的过程，据此其将产品快速生产并投放，创造销售奇迹。

5.3　互联网技术引发制造业革命

互联网对制造业等传统行业而言，最基本的是借助互联网平台，企业、市场与用户的互动程度和范围进行极大扩展，互联网与工业呈现融合创新的态势。互联网与工业融合基本沿产业链由下游向上游推进，消费品行业面对着多变的消费需求，最靠近消费者，因此互联网给消费品行业及与之密切相关的零售业带来的挑战是其他任何行业无法企及的。可以说，互联网首先引起的是消费品行业的变革。

5.3.1 互联网技术提高制造业柔性生产

借助互联网技术，利用机制运行前端部门（批发、零售业）提供的及时有效的信息，将制造业由"以产定销"的模式转向"以销定产"的模式，将以往粗放型生产转向精益化、效益化生产，有助于抑制生产的盲目扩张，在满足市场有效需求的同时减少产品的积压，实现产销的零库存衔接。流通产业的发展使一些传统制造业在价值链中所占的比例越来越低，一些标准化、连锁经营模式的流通业实际上就包含了生产化过程，使得批发、零售不再只扮演产品分销的角色，通过模仿工业化生产的流程化、标准化和规模化实现传统产业再造，从而向新型流通产业转型。这种变化挤占了传统制造业的利润空间，随着数据捕捉能力、数据挖掘能力以及数据分析能力的提升，制造业利用数据挖掘技术将前端部门反馈的数据进行分析，倒逼制造业革命。事实上，消费品行业的变革也比较显著，主要表现在以生产者为核心的生产组织模式从大规模集中生产转向按需制造、个性化、柔性化生产。为更好地适应这种变革，在产业链传导机制的作用下，位于中游的装备行业柔性、可重构的生产体系应运而生，互联网对装备行业的影响作用初显端倪，涉及互联网的主要应用包括虚拟制造、柔性生产、运维服务以及智能制造等；位于上游的原材料行业受互联网的影响滞后于中游行业，目前仅在生产线能源管控、节能减排监测等局部领域探索应用，真正的变革性影响尚未发生。

从生产经营的环节来看，最先受互联网渗透和影响的是营销环节，继而是研发设计、运维服务等环节，而生产制造环节相对受影响较小。互联网强调开放、共享和顺势而为，而生产制造系统处于较为复杂和恶劣的环境，对可靠、稳定及安全性的要求比消费级应用更为严苛。同时，互联网开放、共享的特征与工业生产过程中相对独立、封闭的体系不易契合，无法像数控机床、工业机器人等直接应用到生产环节提高生产效率。因此，互联网与工业在营销、采购环节率先融合，继而是设计、服务等环节，鲜少直接介入生产过程。

5.3.2 网络零售模块化提高规模效益

互联网重塑了商业零售世界，而今天，互联网这个“缓慢而坚定的变革者”，正在推进工业产业加速进入下一个时代。网络零售模块化生产是制造业革新方向，零售商凭借着对终端信息的掌控，选择产品制造商和模块供应商敏捷制造，实现产品市场的快速投放，加速制造业的柔性生产。模块化生产原理如图5-2所示。首先，零售商运用先天的优势平台捕捉消费信息，从市场细分、现有产品缺陷、潜在需求方面形成新的产品构想，并迅速反映给供应链前端。其次，制造商运用模块化思路组织生产，并提供原材料采购服务，凭借采购优势享受低价，从供应链初端降低成本。最后，零售商为其提供终端销售平台和物流配送服务，实现规模经济。这种零售制造商模式集产品理念的形成、制造到最终销售为一体，该新型制造模式提高了制造业柔性，这种敏捷制造模式的出现使产品供需无缝衔接，在库存成本以及物流时间方面提高了流通效率。

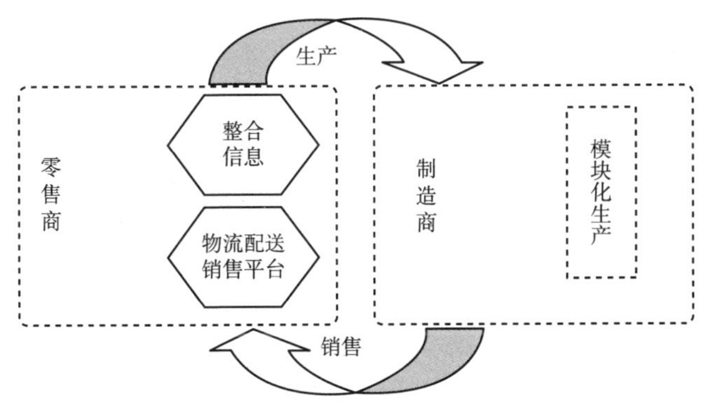

图5-2 模块化生产原理

5.4 互联网技术提高供应链管理水平

通常情况下，企业从采购等一系列的生产活动到将商品传送到顾客手中的时间都比顾客愿意等待的时间长，这个时间之差我们称之为物流的前置时间差，而填补物流前置时间差的唯一方法就是持续存货。企业通过预测分析来确定存货量的多少，存货量形成存货成本，是物流成本的构成要素之一。研究发现，提高快速反应速度和及早捕捉需求信息能够有效地降低物流成本。互联网技术的运用是供应商与消费者之间实现信息共享，创建一条虚拟的供应链，通过信息共享来预测需求，以此来寻找库存的最佳数量与最佳地点。

网络化管理的出现使企业间处于一种相互依存的状态，企业通过一体化的供应链展开与其他链条之间的竞争，打破买卖双方对立的模式，实现“共赢”。“互联网+流通”从以下四个方面提高物流效率：第一，信息资源的有效利用使敏捷变成比成本更关键的驱动力，供应链的设计目标从成本最小化变成提高客户响应能力。第二，生产观念的转变。日本的“看板原理”表明，大量的库存会掩盖波动的需求信息，要求产量必须以需求为依据，要将生产观念从“生产推动”转变为“需求拉动”。第三，供应链之间有效的信息传递，使末端需求信息可以被获取并且被供应链上游共享，通过需求可视化减少对库存的依赖。第四，大数据技术在配送管理方面的应用有效地降低了配送成本，优化配送网络与车辆及货物匹配度，缩短了整个供应链的时间。

同时，加快推进产业互联网发展，有利于推动产业升级。产业互联网使企业能够统揽全局，畅通供应链，打通上下游，做大生态圈，降低生产流通成本、提高运作效率，实现个性化智能定制，通过数字化、网络化、智能化手段对价值链不同环节、生产体系与组织方式、产业链条、企业与产业间合作等进行全方位赋能，推动产业效率变革。加快推进产业互联网发展，有利于提升产品与服务质量。围绕产品与服务质量不高的突出问题，产业互联网赋能企业检验检测体系，根据先行指标判断产品与设备的运行状态，预防故障的发生，能够实现产品自动检测、全程追溯与可视，实现智能质检。健全企业质量管理体系，提高全面质量管理水平，加快推进产业互联网发展，有利于产业创新。产业互联网能够推动企业、产业结合自身情况，围绕国家战略、市场需求、未来方向等，更高效地开展仿制创新、集成创新、原始创新和颠覆式创新，推动企业创新体系、产业创新体系、国家创新系统构建，推动政产学研用金有机结合的创新生态体系建设。①

① 田乐．“互联网+流通”下流通效率提升研究［D］．蚌埠：安徽财经大学，2016.

第 6 章

基于 DEA – Tobit 回归的流通效率提升实证研究

党的十九大提出，实施乡村振兴战略，是建设现代化经济体系的重要基础，是新时代做好“三农”工作的总抓手。如何持续有效地加强农产品的流通体系建设、提升农产品的流通效率、实现农民增收和农业增效是我国“三农”问题的重要议题，也是实施乡村振兴战略的内在要求。随着西部大开发战略的实施，西部地区的农业经济迅速发展。然而，近年来西部地区出现了农产品滞销、“低买高卖”等流通困境，“谷贱伤农”的现状频频上演，严重挫伤了农产品生产者的积极性。为了提升流通效率、充分释放经济发展新动能，国务院办公厅发布了《关于深入实施“互联网 +”流通行动计划的意见》，提出在农产品流通领域要探索农产品流通新模式，强化产销衔接，润滑流通链条，提升流通效率。因此，本书以我国西部地区 12 个省份为例，利用非径向、非导向的 SBM – DEA 模型测算其 2009 ~ 2018 年农产品的流通效率，并利用 Tobit 模型，分析了西部地区农产品流通效率的影响因素。实证表明：西部地区农产品流通的技术效率（technical efficiency，TE）呈逐年递增趋势，但地区差异较大，投入或产出冗余普遍，提升空间较大；规模效率低下是影响农产品技术效率的主要原因；开放程度与信息化水平与农产品流通效率呈正相关关系，但信息化水平的影响并没有预期显著；政府对经济的支持程度、市场化水平与基础设施是制约流通效率的主要因素。本书在此基础上探讨了提升农产品流通效率的对策，对贯彻落实“互联网 + 流通”行动计划以及实现西部地区现代农业的高质量发展具有重要意义。

6.1　农产品流通效率的文献回顾

农产品的流通效率是农业经济可持续发展的重要内容。因此，对农产品流通效率的测度与评价引起了学术界的广泛关注。陈万盈、张学莲等（2020）利用2017年黑龙江省12个地市的截面数据，采用三阶段DEA分析方法对黑龙江省农产品的流通效率进行评价，并通过Tobit回归分析方法研究了影响黑龙江省农产品流通效率的因素。董晔卉（2020）选取我国31个省份2009～2018年食品零售价格作为数据样本，通过方差分析法对市场整合视角下的区域农产品流通效率进行评价分析，为区域农产品流通效率的提升提供指导依据。丁静、张云燕（2019）从完善信息服务功能、创新农产品流通组织方式和降低农产品流通成本3个方面探讨互联网促进农产品流通效率提升的作用机理，并分析了互联网背景下安徽省农产品流通现状。刘天祥、孟琴（2018）从分工视角出发，通过运用古典和新兴古典理论分析以及推导了分工与流通效率的关系，并选取我国27个省份2015年的截面数据，实证分析了影响农产品流通效率的各因素。丁静（2018）采用全局主成分分析法，从农产品流通速度、农产品流通规模和农产品流通经济效益三个方面对安徽、山西、江西、河南、湖北、湖南2007～2016年的农产品流通效率进行了实证研究。霍红、臧旭（2018）采用数据包络分析方法对各种流通模式输入输出指标进行效率分析，并进行横向比较，在追求绿色农产品流通运作效率的目标下，得出以物流企业为核心的绿色农产品流通模式运作效率最优的结论。李靓、穆月英（2017）基于2015年农户蔬菜流通相关调研数据，运用DEA－Tobit两阶段模型分析批发市场主导模式下不同渠道的农户蔬菜流通效率及其影响因素。刘根荣、慈宇（2017）测算了2002～2012年中国农产品流通创新指数，应用Tobit模型对农产品流通创新的影响因素进行分析，利用实证方法分析了农产品流通创新对农民收入的影响。郑应友（2017）从加强生鲜蔬菜流通渠道中的环节配合度、提升蔬菜流通过程中农户的市场水平、采用“农超对接”形式等方面探索了提升生鲜蔬菜流通效率的方法。缪梦丹、黄慧君等（2015）在克服传统DEA模型局限性的基础上，建立交叉对抗的数据包络模型，对2011年、2012年我国31个省份的流通数据进行实证研究，对我国农产品流通效率进行全面、客观的评价。研究结果表明，对抗型DEA交叉模型能够对全国31个省份的农产品物流效率进行排序，同时他们针对模型结果给出调整方向和调整量，为各地政府就农产品流通改革措施提供参考。龚梦、祁春节（2012）认为，农产品流通效率低下的根源在于适合我国国情的农产品供应链的缺失，应优先发展以批发市场为核心的农产品供应链，兼顾发展其他类型供应链的农产品流通模式，而提高流通主体的组织化程度、明确批发市场的公益性质、加强流通基础设施建设、减少流通中的行政干预、建立完善的信息发布平台、加强流通标准化建设、设计合理利益分配机制是现阶段提高我国农产品流通效率的关键举措。孙剑（2012）从农产品流通速度指标、流通效益指标和流通规模指标构建农产品的流通效率评价体系，通过因子模型多流通效率做出客观测度。

综上所述，现有文献对农产品流通理论的进一步完善和成熟起到了促进作用，但也存在一些不足之处：较多文献从定性的角度对农产品流通中如何降低成本提升效率的影响机理进行分析，虽有学者从定量的角度分析了农产品的流通效率，但是大多数的文献所采用的方法是传统的主成分分析法、CCR 模型或 BBC 模型、Malmquist 指数等方法进行测度，在评价方法上具有一定的局限性，且关于西部地区农产品的流通效率及影响因素的文献较为鲜见。因此，本书选用非径向、非导向的 DEA－SBM 模型对西部地区农产品的流通效率进行测度，并在此基础上利用 Tobit 模型对影响西部地区农产品流通效率的因素进行实证分析，以期为西部地区农产品流通效率提升提供决策参考。

6.2　模型构建及变量选取

6.2.1　农产品流通效率的评价模型

6.2.1.1　数据包络模型

数据包络分析（data envelopment analysis，DEA）是一种基于被评价对象间相对比较的非参数技术效率的分析方法，是对同质的决策单元确定其相对有效性的一种数学规划方法。通过明确地考虑多种投入（即资源）的运用和多种产出（即服务）的产生，它能够用来比较提供相似服务的多个服务单位之间的效率。它避开了计算每项服务的标准成本，可以把多种投入和多种产出转化为效率比的分子和分母，而不需要转换成相同的货币单位。因此，用 DEA 衡量效率可以清晰地说明投入和产出的组合，它比一套经营比率或利润指标更具有综合性并且更值得信赖。通过对一个特定单位的效率和一组提供相同服务的类似单位的绩效的比较，它试图使服务单位的效率最大化。在这个过程中，获得 100% 效率的一些单位被称为相对有效率单位，而另外的效率评分低于 100% 的单位被称为无效率单位。传统的基于规模收益不变的 CCR 模型和基于规模收益可变的 BCC 模型，对无效 DMU 的改进方式为所有投入（产出）等比例缩减（增加），故而也被称为径向 DEA 模型。对于无效的 DMU 来说，其当前状态与强有效目标值之间的差距，除了等比例改进部分之外，还包括松弛的改进部分。而松弛的改进部分在效率值的测量中并未充分体现。鉴于此，音薰（Tone Kaoru，2001）提出了 SBM 模型。

利用 SBM 效率模型可测算样本效率值，样本效率值 ρ^* 的计算公式为：

$$\rho^* = \min \frac{1 - \frac{1}{m}\sum_{i=1}^{m} s_i^- / x_{ik}}{1 + \frac{1}{q}\sum_{r=1}^{q} s_r^+ / y_{rk}} \text{ s. t. } X\lambda + s^- = x_k$$
$$Y\lambda - s^+ = y_k$$
$$\lambda, s^-, s^+ \geqslant 0 \qquad (6-1)$$

其中，ρ^* 的取值范围为［0，1］，是测算出线性函数的最优值；$\lambda \geqslant 0$ 代表权重向量；$S^- \geqslant 0$ 代表投入要素松弛变量，即投入要素的改进程度；$S^+ \geqslant 0$ 代表产出要素松弛变量，即产出要素的改进程度。经过 SBM 效率模型测算的样本效率值 ρ^* 若为 1，则说明该样本企业的融资效率处于前沿标准，资源利用率达到最优水平，即投入消耗最少，产出最大资源利用度为 100%；若不为 1 则说明资源利用率未达到最优水平，仍存在改进的空间。

SBM 模型采用 ρ^* 表示被评价 DMU 的效率值，它同时从投入和产出两个角度对无效率状况进行测量，因此称为非导向（non-oriented）模型。在非导向的 SBM 模型中，投入和产出数据中均不能出现 0。在 SBM 模型中，投入和产出的无效率分别体现为：$\frac{1}{m}\sum_{i=1}^{m} s_i^- / x_{ik}, \frac{1}{q}\sum_{r=1}^{q} s_r^+ / y_{rk}$。

如果 SBM 模型的效率值 ρ^* 等于 1，即 s^-、s^+ 均为 0 时，被评价的 DMU 为强有效，不存在径向模型的弱有效问题。当 ρ^* 小于 1，即 s^-、s^+ 至少有一个不为 0，决策单元是无效的，此时有必要对投入或产出进行进一步改进。因此，比较效率值 ρ 的大小可以测度农产品的流通效率，所以，本书采用非径向、非导向的 SBM 模型来准确测度我国西部地区农产品的流通效率。

6.2.1.2　Tobit 回归模型

Tobit 模型又称为规范的审查回归模型，其因变量是连续的，但是受到某种限制，此时就不能按照一般模型进行估计，我们需要建立受限因变量模型来推断总体特征。因此，利用极大似然估计对具有断尾特征的受限被解释变量进行回归分析，有效避免了采用 OLS 进行回归分析中出现的估计值偏离的缺陷。因为基于 DEA－SBM 方法测算出的农产品流通效率值的取值范围在 0～1，所以本书选用 Tobit 回归模型来分析影响农产品流通效率的主要因素。Tobit 回归模型如下：

$$y^* = \partial_0 + \partial_i X_i + \varepsilon_i, \varepsilon_i \in N(0, \sigma^2) \tag{6-2}$$

$$Y_i = \begin{cases} \partial_0 + \partial_i X_i + \varepsilon_i, y^* > 0 \\ 0, y^* \leqslant 0 \end{cases} \tag{6-3}$$

其中，y^* 表示受限变量；Y_i 表示观测被解释变量，即通过 DEA-SBM 模型测算的农产品流通的技术效率值；X_i 为解释变量，即影响农产品流通效率的相关因素，主要包括经济的对外开放水平、市场化水平、政府对经济的干预程度、信息化水平、基础设施及资本存量等相关因素。

6.2.2 DEA-SBM 模型指标

关于农产品流通效率的指标体系构建目前还没有统一的标准。黄梓轩等（2019），王利国、顾炜宇等（2019），武孟飞等（2019），从流通成本、流通规模、流通速度、流通效益四个方面构建流通效率评价的一级指标体系。何小洲等（2018），程书强、刘亚楠等（2017）基于柯布道格拉斯函数，从资本、劳动和技术等方面选取投入指标，以农产品流通业的产值和农产品物流配送的程度作为产出来构建农产品流通效率评价的指标体系。张文剑等（2020）从基础设施、从业人员、资本存量三个视角构建投入指标，从农产品行业生产、零售企业购入金额角度构建产出指标体系。吴欣静（2019）选取的投入指标角度除了人员、资本存量、流通设施外，还包括市场整合度，并从产品的流通规模角度构建评价指标。因此，本章在坚持指标体系构建的科学性、可行性、真实性的基础上，从农产品流通的资本存量、人力资本的投入、基础设施等角度构建投入指标，以农产品的流通规模为产出指标。考虑到农产品的内涵，本书在借鉴其他学者研究的基础上，以限额以上农产品批发零售企业的总资产为指标去衡量农产品流通的相关资本存量，以农产品批零从业人员为指标去评价农产品流通的人力资本投入量，其中农产品批零从业人员＝批零从业人员合计×（限额以上农产品批零销售总额/限额以上批零企业销售总额）。对交通基础设施的衡量，本书使用公路里程、铁路里程、内河和航道里程的加总合计。对于产出角度的农产品流通的规模，本书使用限额以上农产品批零企业销售总额来评价。具体指标体系构建见表6-1。

表 6-1 DEA-SBM 模型指标评价体系

角度	指标	变量	计算
投入	农产品流通的相关资本存量	限额以上农产品批发零售企业的总资产	
	农产品流通的人力资本	农产品批零从业人员	农产品批零从业人员 = 批零从业人员合计 ×（限额以上农产品批零销售总额 ÷ 限额以上批零企业销售总额）
	交通基础设施	交通综合里程	综合里程 = 公路里程 + 铁路里程 + 内河和航道里程
产出	农产品流通的规模	限额以上农产品批零企业销售总额	

6.2.3 Tobit 模型指标

Tobit 模型的评价体系见表 6-2。

表 6-2 Tobit 模型的评价体系

变量	指　标	指标解释
被解释变量	农产品的流通效率	基于 SBM 测算出的综合技术效率
解释变量	对外开放程度（X_1）	进出口贸易总额占 GDP 的比重
	产业结构（X_2）	第三产业在 GDP 中的比重
	市场化指数（X_3）	经济学家樊纲提出
	政府对经济的干预强度（X_4）	地方财政支出与 GDP 的比值
	信息化水平（X_5）	邮政电信业务总量（亿元）
	交通设施（X_6）	公路、铁路、内河航道总里程

被解释变量：农产品的流通效率，是基于 DEA-SBM 模型测算出的西部地区 12 个省份 2009~2018 年的农产品流通的综合技术效率。

解释变量：根据以往学者的研究基础，并结合外部环境分析的 PEST 模型，从以下五个方面来分析影响农产品流通效率的因素。（1）对外开放程度（X_1）是指对农产品市场的全方位开放，以开放促改革，构建开放型经济体制。通过引入国外先进的经营管理理念、农产品生产加工和冷链配送等技术、资金，可以为农产品流通创造良好的营商环境，形成强大的引力，以促进农产品集散中心、批发市场、冷链配送中心和产业园区等的集聚，为降低农产品的流通成本以及提升流通速度和效率提供良好的保障。（2）产业结构状况（X_2），是指农产品流通相关的总产值在各省份总产值中的比重。流通业为第三产业，发达的农产品物流业、批发零售业将为农产品的流通创造良好的市场传导机制，促进农产品全产业链的整合和创新，降低农产品流通过程中的交易成本，提升农产品流通的效率，为实现农产品流通业的良性发展、推动农业供给侧结构性改革创造条件。因此，本书将产业结构状况作为影响农产品流通效率的一个重要因素予以考察。（3）市场化指数（X_3）是用来衡量一个地区市场化发展的水平和程度。一个地区的市场化程度越高，说明市场在资源配置过程中起到了主导作用，提高了资源整合能力和配置效率。（4）政府对经济的干预强度（X_4），主要利用地方财政支出与各地区 GDP 的比值来衡量。西部地区经济发展相对落后，经济发展离不开政府的政策支持和财政支持。作为宏观调控的重要手段，政府支持对促进经济的平稳发展起到了积极作用。（5）信息化水平（X_5）。基于互联网、大数据的现代信息技术的深度融合，能够优化农产品供应链上的物流、信息流、资金流和商流，有利于降低农产品流通过程中因为信息不对称而产生的交易成本。因此，本书将信息化水平作为农产品流通效率的一个影响因素。（6）交通设施（X_6）。部分农产品具有鲜活性、难保存的特征，因此，良好的交通基础设施和交通网点有利于降低农产品运输过程中的价值减损，有利于提升流通效率和客户满意度，为解决“最后一公里”问题提供基础保障。

6.3　实证分析

6.3.1　数据来源

本书选取 2009～2018 年西部地区 12 个省份为研究对象，既分析了每个地区的农产品流通效率，也分析了西部地区整体的农产品流通效率及变动趋势。西部地区主要包括内蒙古、广西、四川、重庆、云南、陕西、贵州、甘肃、青海、宁夏、新疆、西藏。各地区的交通总里程、进出口贸易总额、第三产业总产值、各地区 GDP、财政支出及邮电业务总量等数据来源于《中国统计年鉴》，其余数据均来源于《中国贸易外经统计年鉴》。根据数据的可得性，本书借鉴王利国、顾炜宇（2019）的做法，从农产品的狭义角度，即把农产品限定为食品、饮料、烟草制品等，利用农产品批零企业的年度数据，对西部地区农产品的流通效率进行测度。主要变量的描述统计见表6－3。

表6－3 主要变量的描述统计

模型	变量	均值	标准误差	最小值	最大值
DEA－SBM 模型相关统计变量	限额以上农产品批发零售企业的总资产（亿元）	305.3353	332.8999	9.6612	1 531.2898
	农产品批零从业人员（人）	20 108	18 282.88	75 358	1 663
	交通综合里程（公里）	152 985.7	75 073.34	22 811.94	347 360
	限额以上农产品批零企业销售总额（亿元）	601.4185	566.3128	23.8418	2 082.306
Tobit 模型相关统计变量	对外开放程度	0.0949	0.078	0.004	0.388
	产业结构	0.44	0.056	0.328	0.549
	市场化指数	4.888	1.846	0.01	8.53
	政府对经济的支持程度	0.416	0.292	0.216	1.379
	信息化水平（亿元）	392.0531	303.3761	25.51	1 515.25
	交通设施（公里）	152 985.7	75 073.34	22 811.94	347 360

资料来源：根据《中国统计年鉴》（2009～2018年各年）、《中国贸易外经统计年鉴》（2009～2018年各年）整理计算得到。

6.3.2 农产品流通效率分析

6.3.2.1 Pearson 相关系数分析

数据包络模型使用的一个重要前提是投入和产出之间存在正相关关系，即投入和产出同向变动。本书通过皮尔逊相关系数对农产品流通的投入和产出变量进行检验，具体检验结果如表6－4所示。由表6－4可知，固定资产投资、从业人数和运输总里程与限额以上农产品批零企业销售总额的 Pearson 相关系数都较大，且在1%的水平下存在显著正相关，说明测度农产品流通效率的指标体系选取合理，可以使用 DEA－SBM 模型进行效率测度。

表6－4　Pearson相关系数检验

变量	固定资产总额	从业人数	运输总里程
限额以上农产品批零企业销售总额	0.9928**	0.5278**	0.9936**
	(0.000)	(0.001)	(0.000)

注：** 表示在0.01级别（双尾），括号里的数值为P值，相关性显著。

6.3.2.2　基于DEA－SBM模型的农产品流通效率测算

对农产品流通效率的测度是以2009～2018年我国西部地区限额以上农产品批零企业固定资产投资、农产品从业人数、运输总里程、限额以上农产品批零企业销售总额等数据为样本的。基于非径向、非导向的DEA－SBM模型，利用MaxDEA8.0测算可得出综合技术效率、纯技术效率（pure technical efficiency，PTE）和规模效率（scale efficiency，SE）。具体情况见表6－5。

表6－5　2009～2018年西部地区农产品流通效率

年份	TE	PTE	SE
2009	0.63079	1	0.63079
2010	0.6653	0.9756	0.6819
2011	0.7122	0.9696	0.7345
2012	0.8210	1	0.8210
2013	0.9214	0.9998	0.9216
2014	1	1	1
2015	0.9971	1	0.9971
2016	1	1	1
2017	1	1	1
2018	1	1	1

从整个西部地区来看，除了2014年、2016年、2017年和2018年技术效率值为1外，其他年份均低于1，说明我国西部地区的农产品流通效率存在投入或产出冗余的问题，因此农产品流通效率还存在较大的提升空间。而且，流通效率的技术效率在逐年增大，出现这一趋势的原因在于2015年商务部制定了《“互联网＋流通”行动计划》，明确提出了以互联网为载体，打造现代流通体系，其主要目标是推进电子商务进农村、中小城市、社区，实现线上线下和跨境电商的深度融合，不断创新流通方式，提升流通效率，为现代农业经济发展培育新动能，打造“双引擎”。由表6－5可知，2013年农产品流通效率提升到一个新的制高点，这也离不开2013年国家提出的“一带一路”倡议，

西部地区大部分的城市都处在丝绸之路经济带上，占有重要的区位优势。这极大地促进了西部地区与沿线国家的交流与合作，促进了贸易畅通。丝绸之路下西北地区经济带的建设，要加强与外界的互动，增进交流，共同进步，提升西部地区的农产品流通效率。

由图6－1可知，农产品流通的综合技术效率受到纯技术效率和规模效率的共同影响，从图6－1中还可以看出，2008～2018年这10年中，除2016年、2017年、2018年外，其余时期西部地区农产品流通的规模效率均低于纯技术效率，规模效率低下是影响农产品综合技术效率的主要因素。因此，要想提升西部地区农产品流通效率，需要着重提升规模技术效率。

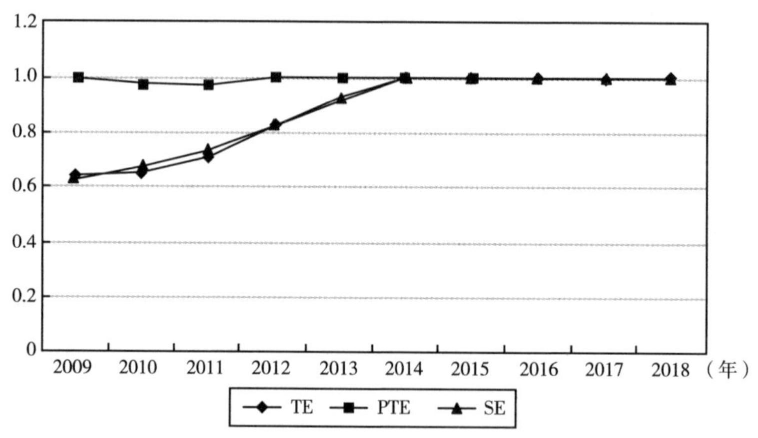

图6－1　2009～2018年西部地区农产品的流通效率变动趋势

分地区来看，我们可以发现西部地区各省（区、市）的农产品流通效率存在明显的地域差异。2009～2018年，除了重庆和新疆两个地区在这10年之中的效率值达到1，其余地区的农产品流通效率都较为低下，特别是西藏地区，受限于地域条件和薄弱的流通基础设施，农产品的流通效率相当低下，也影响了西部地区的整体水平。具体见表6－6。

表6－6　2009～2018年西部地区的流通效率

省份	2009年	2010年	2011年	2012年	2013年	2014年	2015年	2016年	2017年	2018年
内蒙古	1	0.67	0.703	0.711	0.864	0.877	0.782	0.626	0.585	0.613
广西	0.915	0.711	0.708	0.641	0.692	0.696	0.698	0.815	0.733	0.86
重庆	1	1	1	1	1	1	1	1	1	1
四川	1	1	0.678	0.754	0.744	0.74	0.764	0.684	0.646	0.638

续表

省份	2009 年	2010 年	2011 年	2012 年	2013 年	2014 年	2015 年	2016 年	2017 年	2018 年
贵州	0. 807	0. 679	0. 673	0. 587	0. 72	0. 65	0. 803	1	0. 68	0. 772
云南	1	1	1	1	1	1	1	0. 784	0. 818	1
西藏	0. 587	0. 51	0. 493	0. 429	0. 449	0. 434	0. 471	0. 357	0. 356	0. 456
陕西	1	0. 698	0. 731	0. 683	0. 736	0. 73	0. 767	0. 727	0. 682	0. 937
甘肃	1	0. 679	0. 869	0. 908	0. 852	0. 842	0. 793	1	1	0. 751
青海	0. 737	0. 569	1	1	1	1	1	0. 648	0. 567	1
宁夏	0. 878	0. 717	0. 612	0. 573	0. 678	0. 674	0. 675	0. 721	0. 607	0. 812
新疆	1	1	1	1	1	1	1	1	1	1
平均值	0. 91	0. 769	0. 789	0. 774	0. 811	0. 804	0. 813	0. 78	0. 723	0. 82

6. 3. 3　农产品流通效率的影响因素分析

本书利用 DEA – SBM 模型对西部地区农产品的流通效率进行实证分析，发现西部地区农产品的流通效率还存在投入或产出冗余，还有较大的改进空间。因此，该部分将进一步研究影响西部地区农产品流通效率的因素。本书利用 Stata15 软件做 Tobit 回归分析。回归结果见表 6 – 7。

表 6 – 7　Tobit 回归分析结果

指标	系数（Coef.）	稳健标准差	P 值	显著性
对外开放程度	0. 620	0. 186	0. 001	***
产业结构	0. 093	0. 460	0. 165	N
市场化	– 0. 035	0. 018	0. 042	**
政府对经济的干预	– 0. 476	0. 112	0. 000	***
信息化水平（亿元）	0. 002	0. 028	0. 090	*
交通设施（公里）	– 0. 001	0. 002	0. 05	**
常数项	1. 162	0. 178	0. 000	***

注：***、**、* 分别代表 1%、5% 和 10% 的显著性水平；N 表示不显著。

从表 6 – 7 中可以看出，除了产业结构这一指标没有通过显著性检验外，其他指标均通过显著性检验。其中，对外开放程度和信息化水平与农产品的流通效率均存在正相关关系。对外开放程度通过了 1% 的显著水平检验，相关系数为 0. 620，说明农产品的流通效率与对外开放程度有较强的正相关性，对外开放程度每提高 1 个单位，农产品的流通效率就提高 0. 62 个单位。这意味着对外开放水平越高，越有利于农产品流通效率的提升。自2013年国家提出"一带一路"倡议以来，商务部先后出台了相关政策，包括提升流通信息化、标准化、集约化水平，降低流通成本；提高贸易便利化水平，降低贸易成本，补齐发展短板；支持农产品流通设施和城市物流配送网络建设；推动加工贸易向中西部转移。这些政策极大地促进了西部地区的农产品走向世界舞台，提高品牌知名度和市场占有率。信息化水平虽通过了显著性检验，但显著性程度并没有预期的高，且相关系数为0.002，这意味着信息化水平与农产品的流通效率呈弱相关关系。虽然信息化水平的提升有利于流通效率的提升，但是西部地区存在经济发展水平落后、信息化建设中投入不足、观念落后等问题，信息化对流通业的促进作用没能充分发挥。

制约西部地区农产品流通的因素有市场化、政府对经济的干预和交通基础设施。其中，政府对经济的干预通过了1%的显著性水平检验，相关系数为-0.476，由此可以看出，政府对经济的干预是阻碍西部地区农产品流通效率的最主要原因。近年来虽然政府在交通运输、农产品市场管制、农村电子商务平台的建设、信息网络完善等方面投入了一定的资金，但是从全国范围来看，西部地区在基础建设方面的投资仍然相对薄弱，交通基础设施建设及冷链配送设施建设仍然相对落后，严重地制约了西部地区农产品的流通效率。市场化也是制约农产品流通效率的主要因素，通过了5%的显著性水平检验，其主要原因可能在于西部地区特殊的历史和文化背景，再加上深处内陆，交通欠发达，与东部沿海地区相比不具有区位优势，因此，市场在资源配置、生产要素的获取、流通交易等方面并没有充分发挥其主导作用，从而影响了农产品的流通效率。交通设施与农产品的流通效率呈负相关，通过了5%的显著性水平，但从相关系数来看，交通设施对西部地区农产品流通效率的制约效应较微弱。

第 7 章

结论与建议

7.1 主要结论

近年来，我国西部地区流通业在国家政策的大力支持以及信息化的不断推进下取得了较快的发展，但是限于长期的历史、文化、地域特征等原因，在发展过程中仍然存在诸多问题，特别是在农产品的流通方面，与东部地区的差距仍比较明显。本书以 2009 ~2018 年西部地区农产品流通的面板数据为研究样本，采用 DEA - SBM 模型对西部地区农产品的流通效率进行测度，并利用 Tobit 模型对影响农产品流通效率的因素进行回归分析，得到如下结论和建议。

（1）农产品的流通效率呈逐年递增趋势，说明西部地区农产品的流通市场日益繁荣。实证表明，2013 年我国西部地区的流通效率达到了一个新的制高点，往后的流通效率都呈现强有效状态。这与 2013 年国家提出的“一带一路”倡议和 2017 年提出的“乡村振兴”战略有关。“一带一路”加深了西部地区与沿线地区的交流与合作，提高了对外贸易水平和对外开放程度，为西部地区的农产品提供了更广阔的市场。Tobit 实证结果也验证了对外开放对农产品流通效率有显著的促进作用。因此，西部地区应该利用“一带一路”的战略契机，不断扩大对外合作，促进产业创新，提升农产品的市场竞争力，深入贯彻落实“乡村振兴”战略，推行“互联网 + 精准扶贫 + 农产品上行”项目，充分发挥信息化在现代农业发展的创新驱动作用，促进“互联网 +”、大数据与农产品流通的深度融合，为西部地区的农产品开拓更多销路；同时，应该基于信息技术构建农产品质量追溯体系，从供应链视角确保农产品从“地头”到“餐桌”的质量安全和消费者舌尖上的体验，提升农产品的市场竞争力，也从根本上解决“高买低卖”的流通困境。我们通过实证发现，规模效率较低影响了整体技术效率的提升，因此，重视规模技术效率的提升是促进西部地区农产品流通效率的关键。

（2）健全市场化体系，不断提升市场化水平。从实证分析中可以看出，市场化是阻碍农产品流通效率的一个重要因素。西部地区应该打破封闭状态，提升对外开放的水平，营造良好的营商环境，不断健全市场化体系，完善农产品流通体系，实现小农户与大市场的无缝对接。

（3）充分利用政策支持，加强政府对农产品流通的支持力度，不断完善交通运输基础设施，逐步打通贫困地区农产品流通的“最后一公里”。实证结果显示，政府对经济的支持及交通基础设施是制约西部地区农产品流通的重要因素。因此，政府应加大对农业的补贴力度，针对西部地区差异化现状，推行合理的农业补贴政策。补贴政策要鼓励和支持新型农业经营主体，以提高农业补贴政策的创新性和指向性。同时，政府还应加大对农产品流通网络、基础设施建设、农村电子商务网点、特色农产品产业园区等的财政支持，不断完善鲜活农产品冷链物流配送体系，实现农产品物流配送向集约化、网络化和标准化发展，进一步提升农产品的流通效率，助力农民减贫增收、农业提值增效，以实现乡村振兴的战略目标。

7.2　政策建议

作为大众创业、万众创新最活跃的领域，“互联网+流通”成为经济领域创新、开放、共享发展的重要途径。“互联网+流通”行动有利于推进流通产业的转型发展，推动实体商业的转型升级，促进创业就业，对农产品流通领域实现稳增长、扩消费、强优势、降成本以及提效益都有重要意义。

（1）加强互联网应用意识，促进流通企业发展。第一，企业应当理清自身的发展目标和方向，加强对“互联网+”的应用意识以及对“互联网+”全面系统的了解，并与自身实际情况相结合，充分发挥“互联网+”技术对流通业发展的积极作用；应当运用“互联网+”技术有效提升营销服务和管理服务能力，针对传统流通企业中人力资源管理的问题，可以通过互联网技术转变企业管理模式，实现数字化和智能化管理。第二，运用“互联网+”推动流通企业的转型升级，大力发展互联网的个性化定制、云制造等模式，开展消费需求与研发生产的双向互动。第三，重新规划流通各地区“互联网+”的城市节点，不断优化地区间流通设施布局，实现城乡之间的基础设施共享，促进城乡双流通渠道的相互融合，提高“互联网+”在流通产业中的应用。

（2）完善流通政策，营造优质生态环境。首先，政府的相关部门应该针对电子商务的市场准入、交易规则以及结算等制定相应的法律法规，同时推动流通活动、流通主体以及市场调控的相关立法进程，使流通体制改革与现代流通形式相适应，完善批零行业商品交易的法规体系，制定电商无实体商铺销售的规则，促进电子商务的有序发展；其次，应加强流通业“互联网+”技术运用的监管体系，鼓励流通业实现结构创新升级，实现集约化生产以及管理经营的专业化，同时制定规范电子商务流程，培育成熟的电子商务诚信体系，促进流通企业之间的良性竞争与健康发展；最后，应建立和完善信息安全体系，严厉打击电子商务领域的知识产权侵犯和假货销售现象，加强行政执法力度。

（3）完善网络基础设施建设，加快完善现代流通体系。加快现代流通体系建设的首要任务是加强和完善网络基础设施建设，不断完善信息技术在流通领域的应用，拓展“互联网+”的技术应用领域。首先，应该加强信息高速公路建设，提高网络信息传送的速度及准确性，同时加大计算机方面的资金投入，培养计算机技术方面的人才，提高网络技术研发水平，为“互联网+”流通产业创造良好的平台。其次，在完善流通业各项软硬设施的基础上，建立商流、物流、信息流与资金流一体化的物流配送体系，加强电子支付的安全性。最后，提升“互联网+”技术在流通企业管理中信息获取的速度、广度以及准确度，实现业务和人员管理系统的数字化，加快建设跨境电子商务的综合服务，积极推广物流服务体系，打造国际化流通集团。

（4）优化内陆开放模式。西北地区属于内陆地区，单从地理位置考虑，西北地区并不具备明显的对外开放优势，这对政府灵活应用创新思维提出了挑战。该地区通过优化内陆开放模式，形成经济开放发展的引力模式，创造良好的营商环境，引入先进管理机制，注重对专业高素质人才的大力培养，持续整合现有资源，升级开放条件与现存基础，一改传统经济贸易形式，中心城市内设置专门的保税区，从整体上提升西北区域出口能力；通过政策支持，帮助西北地区与国际市场建立有效衔接，努力扩大农产品，加速发展物流业，优化现代物流集散与配送服务，据此为城市保税区稳步运行提供有力保障；通过有效的合作机制，突破时间地域限制，实现人力资源、财力、信息等各要素的深度交融，做到真正意义上的资源共享，打破任何形式的贸易壁垒，坚持互利共赢，与一带一路沿线地区、国家形成长期稳定的良性合作关系，借助西北地区独特的交通枢纽优势，创新开放型经济发展模式，让西部地区的优势借势登高、借船出海，为农产品走向世界舞台、提升竞争优势提供保障。

（5）提高西部地区产品流通中的技术创新能力。在农产品流通中，技术创新能力的提高可以有效提高农产品的流通效率、减少农产品流通环节。西部地区应提高绿色技术的创新能力，加强对关键的绿色技术如冷链技术、农产品安全可追溯技术的应用，减少农产品流通过程中的污染和浪费，加强农产品的安全保障。西部地区还应加强对农产品流通中新技术的应用，提高流通效率。

（6）促进流通主体发展。西部地区应促进龙头企业、农村合作组织建设。西部地区大型龙头企业较少，要不断促进龙头企业建设，而龙头企业一般都具有较大的优势如企业资金技术优势和信息优势，这些能够帮助该地区及时获取市场最新行情，从而对农业生产进行指导，促进产销对接，以市场需求指导生产，保证农产品生产的销售条件，减少农产品过剩等损害农民利益和资源浪费情况的发生。因此西部地区应不断促进龙头企业建设。另外，西部地区还应促进农村合作组织建设。农业合作组织能够保证农民利益，且合作组织在议价权等方面相较于农户个体而言有很大的有利条件。

（7）加快农产品物流园建设，形成紧密协作供应链。农产品物流园区通过共享农产品物流信息资源与基础设施资源，使得流通参与主体之间的联系更加紧密；通过实现各物流企业的规模效益，更好地体现各个物流企业专业化功能。农产品物流园区的建设，能通过多方面提高流通效率，包括降低交易成本、降低流通环节、促进大型交易和长期交易等。综合来看，农产品物流园区的成立，可综合促进市场参与主体间形成紧密协作的供应链，最终反映为西部地区农产品流通效率的提高。鉴于物流园区对于生产和市场的纽带作用，政府应鼓励其与农产品生产基地和各类零售终端的投资合作，鼓励其发展农产品连锁经营，建立上联生产基地、下联零售终端的稳定产销链条。同时，物流园区应开展各种大型农产品展销会，生产方应积极联系农业合作社、农产品种植基地及农产品加工企业参展，需求方应积极联系大型超市、农产品批发市场、标准化菜市场、农贸市场、大型餐饮企业以及农村电商企业等参展。

参考文献

［1］白蕴琦．“互联网＋教育”推进的不确定性与应对研究［J］．现代远距离教育，2020（4）：19－26.

［2］曹思芹，聂小红．政府金融扶持对我国流通业效率的影响［J］．商业经济研究，2018（24）：137－139.

［3］曹一鸣，孙彬博．现代信息技术支持下中学生数学实践创新能力培养的研究与实践［J］．教育学术月刊，2019（8）：103－111.

［4］陈国鹏．“互联网＋交通”视角下缓解城市交通拥堵的私家车共享模式研究［J］．城市发展研究，2016（2）：105－109.

［5］陈红．“互联网＋”背景下鲜活农产品流通模式研究［D］．石家庄：河北经贸大学，2018：8－9.

［6］陈金波，戴化勇．农产品流通效率的评价、影响因素及对策研究［J］．湖北农业科学，2014（6）：1483－1488.

［7］陈俊江，李金兆，眭海霞．“互联网＋”视角下现代农业体系创新路径研究——以成都市为例［J］．农业经济，2018（1）：9－11.

［8］陈婷．互联网金融创新对货币乘数影响机制的实证分析［J］．统计与决策，2020（11）：144－148.

［9］陈万盈，张学莲，等．基于三阶段DEA法的黑龙江省农产品流通效率评价及影响因素研究［J］．商业经济，2020（5）：6－10.

［10］陈小霖，冯俊文．农产品供应链风险管理［J］．生产力研究，2006（5）.

［11］陈旭．“互联网＋农业场景”营销模式创新研究［J］．农业经济，2019（3）：131－133.

［12］陈玉玲．京津冀协同背景下农产品流通创新模式研究［J］．商业经济研究，2019（15）：124－127.

［13］陈运平，黄小勇，成忠厚，等．基于系统基模的“互联网＋”驱动传统农业创新发展路径研究［J］．管理评论，2019（6）：113－122.

［14］谌飞龙．互联网经济背景下创业营销理论的历史使命［J］．江西社

会科学，2018（6）：210－219.

［15］程书强，刘亚楠，许华．西部地区农产品流通效率及影响因素研究［J］．西安财政学院学报，2017，30（3）：88－90.

［16］但斌，郑开维，等．“互联网+”生鲜农产品供应链C2B商业模式的实现路径——基于拼好货的案例研究［J］．经济与管理研究，2018（2）：65－78.

［17］丁静，张云燕．安徽省农产品流通效率提升路径研究—基于互联网背景［J］．重庆科技学院学报（社会科学版），2019（4）：45－47.

［18］丁静．安徽省农产品流通效率评估及影响因素分析——基于2007—2016年的面板数据［J］．安徽农业大学学报（社会科学版），2018（5）：18－23.

［19］丁胜，申刚磊，杨庆有，等．“互联网+”与医疗深度融合在改善医疗服务中的实践［J］．中国医院管理，2019（3）：78－80.

［20］丁艳．“互联网+”共享经济背景下农村经济发展模式的转变［J］．农业经济，2020（9）：58－59.

［21］董晔卉．市场整合视角下区域农产品流通效率评价［J］．商业经济研究，2020（7）：132－135.

［22］杜军，韩子惠，焦媛媛．互联网金融服务的盈利模式演化及实现路径研究——以京东供应链金融为例［J］．管理评论，2019（8）：277－294.

［23］段艳平，江奔腾．广西产业高质量发展导向的西部陆海新通道建设——基于交易费用理论视角［J］．改革与战略，2020（8）：118－124.

［24］冯燕芳，陈永平．“互联网+”环境下零售企业营销效率影响因素研究——基于消费体验需求的分析［J］．价格理论与实践，2018（5）：143－146.

［25］甘志祥．物联网的起源和发展背景的研究［J］．现代经济信息，2010（1）.

［26］高柯夫，孙宏彬，王楠，等．“互联网+”智能交通发展战略研究［J］．中国工程科学，2020（4）：101－105.

［27］高苑．互联网金融背景下商业银行金融创新［J］．财会通讯，2019（23）：15－19.

［28］龚梦，祁春节．我国农产品流通效率的制约因素及突破点——基于供应链理论的视角［J］．中国流通经济，2012（11）：43－48.

［29］何小洲，刘丹．电子商务视角下的农产品流通效率［J］．西北农林科技大学学报（社会科学版），2018，18（1）：58－59.

［30］和讯科技．易观国际董事长CEO于扬：移动互联网应结合行业

[EB/OL]. http://tech.hexun.com/2012-11-14/147950551.html.

[31] 贺晶晶.O2O模式下连锁超市生鲜农产品物流配送路径优化研究[D]. 天津理工大学，2016：21-22.

[32] 胡青华.长江经济带农产品流通效率影响因素实证分析——基于新经济地理学视角[J]. 商业经济研究，2020（9）：132-133.

[33] 胡世伟."互联网+"背景下贫困地区发展旅游业的作用机制与实现路径[J]. 社会科学家，2019（8）73-79.

[34] 黄梓轩，陈菲.长江经济带农产品流通效率时空差异分析——基于PCA-DEA-Malmquist指数模型[J]. 商业经济研究，2019（21）：127-129.

[35] 霍红，臧旭."互联网+"时代下绿色农产品流通模式运作效率比较研究[J]. 江苏农业科学，2018（7）：305-308.

[36] 纪宝成，谢莉娟，王晓东.马克思商品流通理论若干基本问题的再认识[J]. 中国人民大学学报，2017（6）：60-70.

[37] 纪良纲，王佳淏."互联网+"背景下生鲜农产品流通电商模式与提质增效研究[J]. 河北经贸大学学报，2020（2）：67-75.

[38] 江静.我国农产品现代化流通模式的智能化趋势分析[J]. 商业经济研究，2016（3）：161-163.

[39] 荆菊.互联网金融背景下农村金融转型发展研究[J]. 农业经济，2020（5）：116-117.

[40] 景秀艳.权力关系、网络行为者与网络治理[J]. 上海经济研究，2012（10）：109-116.

[41] 卡尔·马克思.资本论[M]. 郭大力，王亚楠，译.上海：上海三联书店，2009（2）：89-110.

[42] 蓝伯雄，郑小娜，徐心.电子商务时代的供应链管理[J]. 中国管理科学，2000（3）：1-7.

[43] 李建军，吕勇斌.互联网金融课程建设与人才培养模式的思考[J]. 中国大学教学，2018（5）：64-68.

[44] 李靓，穆月英.批发市场主导模式下不同渠道蔬菜流通效率的比较——基于微观农户视角的DEA-Tobit模型[J]. 中国流通经济，2017（4）：69-76.

[45] 李克，杨小凯，张杭辉，曹晖.劳动分工、专业化与侵占行为——"霍布斯丛林法则"的一般均衡分析[J]. 南大商学评论，2005（1）：74-94.

[46] 李丽，胡紫容.京津冀农产品流通体系效率评价及影响因素研究

[J]. 北京工商大学学报（社会科学版），2019，34（3）：41-43.

[47] 李梦卿，任寰. 供给侧结构性改革背景下技能型人才培养的内涵建设、动力导向与推进机制 [J]. 现代教育管理，2017（2）：30-36.

[48] 李维安，周建. 网络治理：内涵、结构、机制与价值创造 [J]. 天津社会科学，2005（5）：59-63.

[49] 李文军. 计算机云计算及其实现技术分析 [J]. 军民两用技术与产品，2018（22）：57-58.

[50] 李霞. 电子商务环境下农产品流通效率影响因素及路径研究 [J]. 农业经济，2018（11）：133-134.

[51] 李晓光. 网络组织视角的新型财务治理体系研究 [D]. 长沙市：湖南大学，2015：15-16.

[52] 李源，李静. “互联网+”背景下生鲜农产品O2O电商模式与改进策略 [J]. 商业经济研究，2020（20）：96-99.

[53] 林润辉，李维安. 网络组织——更具环境适应能力的新型组织模式 [J]. 南开管理评论，2000（3）：4-7.

[54] 刘陈，景兴红，董钢. 浅谈物联网的技术特点及其广泛应用 [J]. 科学咨询，2011（9）：86.

[55] 刘春明，郝庆升. “互联网+”背景下绿色农产品生产经营中的问题及对策研究 [J]. 云南社会科学，2018（6）：92-96.

[56] 刘冬梅. 我国农产品物流模式分析与对策研究 [D]. 石家庄：河北科技大学，2014.

[57] 刘刚. 鲜活农产品流通模式演变、动因及发展趋势研究 [J]. 农业经济，2015（1）：119-120.

[58] 刘根荣，慈宇. 中国农产品流通创新及其对农民收入影响研究 [J]. 中国经济问题，2017（3）：113-122.

[59] 刘如意，李金保，李旭东. 区块链在农产品流通中的应用模式与实施 [J]. 中国流通经济，2020（3）：43-54.

[60] 刘天祥，孟琴. 分工视角下我国农产品流通效率影响因素研究 [J]. 商业经济研究，2018（22）：115-117.

[61] 刘晓宇. 基于“互联网+”的中国对外贸易发展动能培育研究 [J]. 河南社会科学，2020（3）：76-86.

[62] 卢红云，尹敏敏，庾晓萌，黄昭鸣. “互联网+”教育康复人才培养CLP模式的构建与应用 [J]. 现代教育技术，2020（2）：104-110.

[63] 吕建兴，陈祥松. 中国农产品流通效率及其演变特征——基于流通

环节的视角［J］. 世界农业，2019（6）：46－47.

［64］马克思恩格斯全集（第三十一卷）［M］. 北京：人民出版社，1998：445.

［65］马克思恩格斯全集（第三十一卷）［M］. 北京：人民出版社，1998：488.

［66］马克思恩格斯全集（第三十六卷）［M］. 北京：人民出版社，1974：195.

［67］马克思恩格斯文集（第五卷）［M］. 北京：人民出版社，2009：105－106.

［68］马克思恩格斯文集（第五卷）［M］. 北京：人民出版社，2009：133－134.

［69］马士华，林勇. 供应链管理［M］. 北京：机械工业出版社，2016（5）.

［70］米传民，李丹丹，张婷，等. 考虑社交网络和互联网金融的金融市场超网络均衡研究［J］. 中国管理科学，2018（12）：56－65.

［71］缪梦丹，黄慧君，孙超. 我国农产品流通效率的DEA交叉评价［J］. 商业经济研究，2015（15）：18－19.

［72］欧阳小迅，黄福华. 入世对我国农村农产品流通效率的影响［J］. 农业技术经济，2013（1）：68－76.

［73］潘亮. 基于信息利用的后MOOCs时代高校人才培养新范式理论与实践研究［J］. 情报科学，2019（12）：114－117.

［74］彭飞霞."互联网＋"时代职业教育人才培养模式的转型升级［J］. 教育与职业，2018（5）：42－48.

［75］乔宪遐，熊丽. 以实战为导向的电子商务实践教学改革探讨［J］. 实验技术与管理，2015（11）：174－176.

［76］乔治·A. 阿克洛夫，等. 现实主义经济学之路［M］. 李彬，译. 北京：中国人民大学出版社，2013.

［77］任武军，李新. 基于互联网大数据的旅游需求分析——以北京怀柔为例［J］. 系统工程理论与实践，2018（2）：437－443.

［78］沈明玉. 大型超市加速进军电商融合O2O探索新消费模式［N］. 通信信息报，2014－02－12（3）.

［79］石岿然，孙玉玲. 生鲜农产品供应链流通模式［J］. 中国流通经济. 2017（1）：57－64.

［80］孙东东."互联网＋医疗"风险的认识与防控［J］. 科技导报，

2017 (1): 156-158.

[81] 孙国强，石海瑞．网络组织负效应的实证分析 [J]. 科学学与科学技术管理，2011 (7): 24-30.

[82] 孙国强，王博钊．网络组织的决策协调机制：分散与集中的均衡 [J]. 山西财经大学学报，2005，27 (2) 77-81.

[83] 孙剑．我国农产品流通效率测评与演进趋势——基于1998~2009年面板数据的实证分析 [J]. 中国流通经济，2011 (5): 21-25.

[84] 孙琪，李敏．从阿里平台看农产品电子商务发展趋势 [J]. 商业经济研究，2015 (34): 77-79.

[85] 汤少梁，龚颖．“互联网+”医联体背景下分级诊疗的系统动力学分析 [J]. 卫生经济研究，2020 (9): 3-8.

[86] 唐国斌，赵婉婷．我国农产品流通效率影响因素研究 [J]. 商业经济研究，2020 (2): 134-135.

[87] 田刚，张蒙，李治文．生鲜农产品电商企业技术效率及其影响因素分析——基于改进DEA方法与Tobit模型 [J]. 湖南农业大学学报（社会科学版），2018，19 (5): 81-83.

[88] 田乐．“互联网+流通”下流通效率提升研究 [D]. 蚌埠：安徽财经大学，2016.

[89] 仝好林．基于“互联网 +”的生鲜果蔬供应链模式研究 [J]. 物流工程与管理，2016 (12).

[90] 托马斯·厄尔，等．云计算：概念、技术与框架 [M]. 龚奕利，贺莲，胡创，译．北京：工业机械出版社，2014.

[91] 汪国贤，陈阿兴．基于物联网+云平台的我国农产品“地头通”流通模式构建 [J]. 齐齐哈尔大学学报（哲学社会科学版），2020 (7): 91-95.

[92] 汪文斌．移动互联网 [M]. 武汉：武汉大学出版社，2013: 2-20.

[93] 汪旭晖，张其林．基于线上线下融合的农产品流通模式研究——农产品O2O框架及趋势 [J]. 北京工商大学学报（社会科学版），2014 (3): 18-25.

[94] 王成敏，李美羽．基于“互联网+”的鲜活农产品流通模式创新研究 [M]. 北京：中国财政经济出版社，2020: 140-145.

[95] 王成敏，李美羽．基于“互联网+”的鲜活农产品流通模式创新研究 [M]. 北京：中国财政经济出版社，2020: 21.

[96] 王春豪，袁菊．西部地区现代流通业效率测度及空间差异分析——基于非径向超效率三阶段DEA模型 [J]. 工业技术经济，2019 (12): 102-104.

［97］王德刚．互联网对旅游业创新能力提升的促进作用［J］．旅游学刊，2016（5）：7－8.

［98］王家旭，岑磊，仲深．黑龙江省农产品流通效率测度与影响因素分析［J］．商业研究，2015（3）：46－47.

［99］王江汉．移动互联网概论［M］．成都：电子科技大学出版社，2018：1－20.

［100］王琨．三维C2B电子商务模式的界定及机理研究［D］．北京：中国社会科学院研究生院，2017.

［101］王磊，张娜．农产品流通效率的评价与提升对策研究——基于流通产业链视角的一个分析框架［J］．农村经济，2016（4）：109－110.

［102］王蕾．面向“互联网＋”时代的鲜活农产品流通模式改进研究［J］．农业经济，2016（6）：116－118.

［103］王利国，顾炜宇．我国农产品流通效率测度与发展趋势［J］．商业经济研究，2019（17）：119－121.

［104］王敏．“互联网＋”背景下政府治理能力现代化研究［D］．北京：中共中央党校，2018.

［105］王琴．网络治理的权力基础：一个跨案例研究［J］．南开管理评论，2012，（3）：91－100.

［106］王伟．基于云物流的生鲜农产品流通模式研究［J］．安徽农业科学，2018（23）：221－224.

［107］王晓平，张旭凤．农产品流通中的分阶段追溯模式［J］．中国流通经济，2015（4）：108－113.

［108］王雄．云计算的历史和优势［J］．计算机与网络，2019，45（2）：44.

［109］王秀梅．“互联网＋”环境下农产品现代流通体系构建创新研究——以广东省为例［J］．农业经济，2018（2）：138－140.

［110］王智茂，任碧云，张岩．互联网信息渠道促进家庭金融投资了吗？［J］．贵州社会科学，2019（10）：123－130.

［111］维克托·迈尔·舍恩伯格，肯尼思·库克耶．大数据时代［M］．周涛，译．杭州：浙江人民出版社，2013：2－5.

［112］闻玉辉．基于“互联网＋”的高职《建筑材料与检测》课程教学改革探讨［J］．职业技术教育，2019（35）：41－43.

［113］吴俊，杨佳萍．面向“互联网＋”复合型人才的管理信息系统课程教学改革研究［J］．北京邮电大学学报（社会科学版），2016（6）：111－118.

[114] 吴瑞兵．“互联网+现代农业”助推精准扶贫的模式研究——基于社区支持农业视角的分析 [J]．价格理论与实践，2018 (6)：134-137.

[115] 吴舒，穆月英．基于时空特征的我国蔬菜流通及影响因素分析 [J]．商业经济与管理，2016 (2) 18-25.

[116] 吴欣静．京津冀农产品流通效率测度及影响因素研究 [D]．北京：首都经济贸易大学，2019：53.

[117] 武孟飞，李炳军，魏新娟，等．基于熵权法的农产品流通效率模糊综合评价研究——以河南省为例 [J]．数学的实践与认识，2019，49 (13)：83-85.

[118] 肖远平，龚翔．“互联网+”视域下贵州旅游产业智慧化发展研究 [J]．贵州社会科学，2016 (5)：127-132.

[119] 谢敏．“互联网+”背景下我国农产品网络营销优化研究 [J]．农业经济，2017 (7)：135-137.

[120] 徐慧，周典，罗益佳，等．“互联网+”家庭医生签约服务建设路径研究——基于SWOT-CLPV分析 [J]．卫生经济研究，2020 (1)：56-59.

[121] 徐铭勋．“互联网+”背景下地面公共交通的政策与法规探究——基于北京与香港的比较 [J]．北京联合大学学报（人文社会科学版），2018 (2)：110-116.

[122] 徐添懿．林业企业竞争力评价指标设计研究 [J]．经济研究导刊，2018 (29)：12-13.

[123] 徐颖，王姝．农产品“地产地销”模式探讨 [J]．物流科技，2020 (7)：50-52.

[124] 亚当·斯密．国富论 [M]．郭大力、王亚楠，译，商务印书馆，2008.

[125] 严爱玲，江宏，郑书莉．乡村振兴视域下的互联网金融对新农人创业绩效的影响——基于安徽省调研数据的分析 [J]．南京审计大学学报，2020 (5)：103-111.

[126] 杨建勋，刘逸凡，刘苗苗，等．“互联网+”时代城市绿色低碳交通的挑战与对策 [J]．环境保护，2018 (11)：43-46.

[127] 杨雅萍，姜侯，胡云锋，等．“互联网+”农产品质量安全追溯发展研究 [J]．中国工程科学，2020 (9)：58-64.

[128] 姚红，邱凤．关于互联网条件下财经类高校通识课程教学改革的探索与思考 [J]．黑龙江高教研究，2019 (8)：145-147.

[129] 姚凯，涂平，陈宇新，等．基于多源大数据的个性化推荐系统效果

研究［J］. 管理科学，2018（5）：3-15.

［130］姚瑞，彭睿娟，李勃昕．互联网驱动、航空运输提升与区域旅游业发展——“十四五”期间提升旅游业发展的前瞻性分析［J］. 价格理论与实践，2020（6）：60-63.

［131］尤美虹，陶君成．“互联网+”时代贫困地区农产品进城模式创新研究［J］. 商业经济研究，2016（24）：122-123.

［132］于文玲．“互联网+”背景下农产品供应链发展研究［J］. 物流工程与管理，2017（3）.

［133］余来文，封智勇，林晓伟．互联网思维：云计算、物联网、大数据［M］. 北京：经济管理出版社，2018.

［134］余燕．美国、日本农产品流通渠道管理模式及经验借鉴［J］. 世界农业，2014（3）：72-73.

［135］袁晶，张彰．“互联网+”思维下智慧旅游平台优化探讨——以江西省为例［J］. 企业经济，2018（12）：143-147.

［136］曾晓华．“互联网+”时代现代农业创新发展机制研究［J］. 农业经济，2020（5）：22-23.

［137］张博，庞基敏，章文嵩，等．互联网大数据技术在智慧交通发展中的应用［J］. 科技导报，2020（9）：47-54.

［138］张存萍．我国互联网金融风险防范及政策建议［J］. 技术经济与管理研究，2019（11）：78-83.

［139］张金玲．“互联网+”时代高校文科“Internet 应用”课程教学改革［J］. 中国大学教学，2016（1）：75-78.

［140］张培，夏海鹰．“互联网+1+X”技术技能人才培养机制构建研究［J］. 中国电化教育，2020（2）：15-20.

［141］张伟珊，李卓运，郭锡泉．高职院校“互联网+”创新创业人才培养的实证研究——基于粤北山区4所大学的抽样分析［J］. 科技管理研究，2019（9）：140-147.

［142］张文剑．我国区域农产品流通效率测度分析［J］. 商业经济研究，2020（13）：134-135.

［143］张五常．经济解释：张五常经济论文选［M］. 易宪容，张卫东，译．北京：商务印馆，2000：518-519.

［144］张晓飞．我国农产品流通效率测度及影响因素研究［D］. 哈尔滨：东北农业大学，2018：12-13.

［145］张永强，张晓飞，刘慧宇．我国农产品流通效率的测度指标及实

证分析 [J]. 农村经济，2017 (4)：93 -95.

[146] 赵艳丽. 移动互联网下特色农产品流通模式现状考察及创新策略——以西南地区为例 [J]. 商业经济研究，2019 (21)：156 -159.

[147] 赵永胜. 互联网背景下企业市场营销创新研究 [J]. 技术经济与管理研究，2020 (4)：72 -79.

[148] 郑应友. 基于产业链视角的生鲜蔬菜流通效率的度量及提升对策 [J]. 农业经济，2017 (11)：139 -140.

[149] 中国农村网. 闲话地产地销 [EB/OL]. http：//journal. crnews. net/733/40573_20160919043436. html.

[150] 中华人民共和国质量安全法 (2018 修订版) [M]. 北京：中国法制出版社，2018.

[151] 周红娣，盛芝仁，宋晓萍，等. 区域化“互联网+护理服务”模式的构建与实践 [J]. 中国护理管理，2020 (9)：1400 -1404.

[152] 周华. 渠道沟通对农产品流通效率的影响 [J]. 中国流通经济，2013 (12)：70 -75.

[153] 周华庆. 移动互联网背景下定制公交服务质量提升策略 [J]. 现代管理科学，2017 (2)：103 -105.

[154] 周亮，刘黎一帆. 互联网金融背景下小微企业融资问题研究 [J]. 会计之友，2020 (12)：43 -47.

[155] 周世杰，李玉柏，李平. 新工科建设背景下“互联网+”复合型精英人才培养模式的探索与实践 [J]. 高等工程教育研究，2018 (5)：11 -16.

[156] 周勇，池丽华. 我国农产品流通的问题与发展趋势 [J]. 商业时代，2014 (35)：7 -10.

[157] 周月书，笪钰婕，于莹. “互联网+农业产业链”金融创新模式运行分析——以大北农生猪产业链为例 [J]. 农业经济问题，2020 (1)：94 -103.

[158] 周振. 互联网技术背景下农产品供需匹配新模式的理论阐释与现实意义 [J]. 宏观经济研究，2019 (6)：108 -121.

[159] 朱紫玉. 新零售模式下零售企业的战略转型研究 [J]. 北方经贸，2017 (8)：32 -33.

[160] 庄晓惠，陈龙. 基于大病医疗救助案例的“互联网+民间互助”模式研究——兼与传统互助模式比较 [J]. 广西社会科学，2017 (11)：141 -146.

[161] Abderahman R，Steve S，Internet of Things research in supply chain management and logistics：A bibliometric analysis [J]. Internet of Things，2020 (12).

[162] Arrow K J. The Organization of Economic Activity: Issues Pertinent to the Choice of Market versus Non-Market Allocation [J]. The Analysis and Evaluation of Public Expenditure: the PPB System, 1969 (4): 34 -35.

[163] Buurma J, Saranark J, Supply - chain Development for Fresh Fruits and Vegetables in America [J]. Freight Transportation and Supply Chain Management, 2013 (17).

[164] Chen, Songlin, Yue Wang, Mitchell M. Tseng. Mass Customization as a Collaborative Engineering Effort [J]. International Journal of Collaborative Engineering, 2009 (2): 152 -167.

[165] Christopher O B, Olhager J. Supply Chain Management—A Production Perspective [J]. International Journal of Production Economics, 2003 (2): 125.

[166] Coase R H. The Nature of the Firm [J]. Economica, 1937 (16): 386 -405.

[167] Davis S M. Future perfect [M]. Addison-Wesley. 1987.

[168] Dorward A, Kydd J, Poulton C. Smallholder Cash Crop Production under Market Liberalisation: A New Institutional Economics Perspective [M]. Wallingford and New York: CAB International. 1998.

[169] Elizabeth J. Woods, C. Supply chain Management: Understanding the Concept and its Implications in Developing Countries [J]. Australian Centre for International Agricultural Research, 2004 (5).

[170] Grosh, Bardara. Contract Farming in Africa: An Application of New Institutional Econmomic Institutional Economics [J]. Joural of African Economies, 1994 (3): 231 -236.

[171] Hans-Henrik Hvolby, Jacques Trienekens. Trends and challenges in Production and Supply Chain Management [J]. Computers in Industry, 2010 (67).

[172] Holmstrom B. Contractual Models of the Labor Market [J]. The American Economic Review, 1981 (2): 308 -313.

[173] Jaffe L D. Introducing the Internet PLUS: A Model Presentation for Trainers [M]. Berkeley, CA: Library Solutions Press, 1996.

[174] James A. Mirrlees. Information and incentives: The economics of carrots and sticks [J]. The Economic Journal, 1997 (444): 1311 -1329.

[175] Kaoru T. A Slacks-baed Measure of Super-efficiency in Data Envelopment Analysis [J]. European Journal of Operational Research, 2001 (130):

498 –509.

[176] Pine II J. Mass Customization: The New Frontier in Business Competition [M]. Boston: Harvard Business School, 1992.

[177] Pine II J, Victor V, Boynton A C. Making Mass Customization Work [J]. Harvard Business Review, 1993 (5).

[178] Ribot J C. Theorizing Access: Forest Profits along Senegal's Charcoal Commodity Chain [J]. Development and Change, 1998 (29): 307 –341.

[179] Shepherd A W. Approaches to linking producers to markets [EB/OL]. http: //www. fao. org/fileadmin/templates/ags/docs/marketing/Workshops/Indonesia_2006/Linking_Farmers_to_Markets_shepherd_paper. pdf.

[180] Stiglitz J. Looking Out for the National Interest: The Principles of the Council of Economic Advisers [J]. The American Economic Review, 1997 (2): 109.

[181] Toffler A. Future Shock [M]. Bantam Books, 1971.

[182] Tseng M. Mass Customizing Paratransit Services With a Ridesharing Option [J]. IEEE Transactions on Engineering Management, 2018: 1 –12.

[183] Vickrey W et al. Public Economics [M]. Cambridge University Press, 1997.

[184] Williamson O E. The economic institution of capitalism [M]. New York: The Free Press, 1985, 30 –32.

[185] Williamson O E. Transaction Cost Economics and Economic Sociology [M]. New York: Free Press, 1995: 27 –28.